MARTINE **FALLON**
SANDRINE **MOSSIAT**

MA CUISINE **ÉNERGIE**

GROUPE LUC PIRE

Directeur général : Luc Pire
Quai aux Pierres de Taille, 37-39 – 1000 Bruxelles
www.lucpire.eu

Ma cuisine énergie

Méthode et recettes : Martine Fallon
Concept et mise en mots : Sandrine Mossiat
Photographies : Natacha d'Ydewalle et Sandrine Mossiat (p. 118 et 145)

Pour toute information concernant les activités (cours de cuisine, coaching, conférences, séminaires) de Martine Fallon : (+32) (0)472 659 004 ou www.cuisine-energie.be

Mise en page couverture : Bonaffini
Mise en page intérieur : Marc Provoost

Imprimé à Merendree (Belgique)
Deuxième édition : mai 2008

ISBN : 978-2-87415-916-9
Dépôt légal : D/2008/6840/41

MARTINE **FALLON**
SANDRINE **MOSSIAT**

MA CUISINE **ÉNERGIE**

LA RENAISSANCE DU LIVRE

À Philippe, pour le tendre soutien et le coaching de tous les instants, pendant ces années un peu compliquées.
À mes filles, pour ce qu'elles sont et deviendront.
Offrandes vitales et gourmandes avec l'expression de tout mon amour.
À Paulette, elle sait pourquoi.
À Sandrine, ma complice d'écriture, sans laquelle ce livre n'aurait pas abouti.

Martine, novembre 2007

À ma mère, ma grand-mère et mon arrière-grand-mère qui m'ont élevée aux légumes frais cultivés par leurs soins.
Merci de m'avoir transmis curiosité, gourmandise et impertinence.
À mes fils, gastronomes en herbe et futurs gardiens de notre terre nourricière.

Drinette à roulettes, automne 2007

Merci au docteur Vo Dison pour sa relecture.

MOI, FAIRE RÉGIME ? PLUTÔT MOURIR !

Tellement gourmande… que de sociologue spécialisée en communication, je me suis muée en chroniqueuse gastronomique et journaliste culinaire. Épicurienne, amatrice de bons vins, terroir et tripailles, en aucun cas je n'envisage ma vie sans choucroute garnie (surtout au mois d'août) ni cassoulet. Cela étant, même si la nature m'a dotée d'un bon métabolisme, en vieillissant, on s'oxyde, on épaissit, on fatigue.

Or, je me suis trouvée en reportage sur le bateau de Martine, une croisière d'une semaine à caboter autour des rives turques. Sept jours de détox, sans café ni autres poisons acidifiants, et surtout, une semaine durant, l'occasion de goûter à l'assiette savoureuse et colorée de cette championne de la cuisine énergétique, de découvrir non pas un régime, mais une philosophie alimentaire s'inscrivant dans un esprit d'abondance et de plaisir. Foncez au chapitre coulis et sauces (p. 80) et vous comprendrez ma joie, mon appétit, mon enthousiasme.

Je continue à fréquenter les grands restaurants, à alterner parfois repas pantagruéliques, menus 15 services et foie gras à tous les étages. Sauf que, dès que je le peux ou que j'en éprouve l'irrésistible besoin, je pratique la méthode et les recettes de Martine. À tous les coups, c'est radical, il me faut à peine une semaine pour retrouver ma taille et mon éclat de jeune fille. Résultat : 41 ans, deux enfants et 53 kg pour 1,62 m. Essayez de dénicher un (ou une) critique gastronomique aussi en forme que moi !

Sandrine Mossiat

MA CUISINE, MON ÉNERGIE

« Nos désirs sont des pressentiments des facultés qui sont en nous, annonciateurs de ce que nous allons être capables d'accomplir. »

Goethe

Longtemps, j'ai joué à la Wonder Woman, essayant à tout prix au gré d'un agenda hyperbooké de mener de front mes rôles de femme d'affaires, d'épouse et de mère ; le tout baignant évidemment dans le contexte d'une hygiène de vie assez approximative.

Puis arriva l'accident, en compagnie de ma fille de trois ans. Un taxi au fond de l'Europe orientale, le visage, les côtes comme une meringue écrasée, assortis d'une grossesse à peine déclarée. Les compteurs (panne oblige) à zéro, cette fois-ci, plus d'histoires à se raconter, une seule urgence : se recentrer pour nous reconstruire, mes filles et moi. Transformée durant sept mois en femme-serre, mâchoires cadenassées, tout au long de ma convalescence, je me suis nourrie exclusivement à la paille, rien qu'avec du bon, soit les meilleurs nutriments reconstituants, et aussi avec du très bon, déclinant dans mes popotes de jolis parfums et de délicieuses saveurs afin que ma vie reprenne couleurs. Un an et un beau bébé plus tard (mes filles – insupportables et magnifiques comme il se doit – ont maintenant 15 et 19 ans), j'avais ressuscité. Goûtant au bonheur d'être en vie, force me fut de prendre conscience qu'il était temps de réinvestir différemment mon existence.

Hippocrate disait : « Que ton aliment soit ton médicament » ; à côté de l'amour des miens, c'est mon alimentation qui m'a reconstruite si vite et si bien. Aussi, au fil des années qui ont suivi, je n'ai eu de cesse d'inventer de nouvelles recettes de cuisine saines, gourmandes et sexy, à la seule fin de maintenir corps, tête et feu intérieur dans un état de vitalité optimal. De protéger ces précieux cadeaux de la vie de tous les maux qui affectent une société de consommation qui se nourrit mal et s'abrutit.

Pour moi comme pour vous, il est temps de comprendre qu'il nous faut pousser le caddy dans la bonne direction afin de redevenir (ou de rester) les femmes et les hommes merveilleux que nous sommes potentiellement. Et de rentrer, pour notre survie et celle de ceux que nous aimons, dans une stratégie de contamination positive.

À condition, bien sûr, que celle-ci soit gourmande et nous maintienne dans l'abondance et le plaisir.

Bienvenue dans la cuisine de l'énergie !

Martine Fallon

1.

LA MÉTHODE

1.1

BONNES HABITUDES

Les bons carburants

Pour bien fonctionner, notre organisme a besoin de glucides, de protéines, d'acides gras, de vitamines et de minéraux, mais pas n'importe lesquels et pas dans n'importe quelles proportions !

La chasse aux toxines

Mauvaise alimentation (tant du point de vue du contenu que du mode), excès de stress, manque d'oxygène et de mouvement... notre organisme est envahi de toxines qui, comme les résidus d'un moteur, encrassent la machine, la font tourner moins bien et la rouillent de l'intérieur. Non seulement, nous fonctionnons au ralenti, en deçà de notre potentiel énergétique, mais en plus, ce processus nous fatigue et nous oxyde : gavé de toxines qui s'accumulent dans nos tissus et nos organes, notre corps métabolise moins bien. Moins apte à assimiler les nutriments de notre alimentation, il stocke les graisses, se déminéralise, s'épuise et vieillit prématurément.

Règle n° 1

Privilégier ce qui nous construit, nous entretient et nous booste, éviter ce qui nous détruit.

Les bons produits

Manger qualitatif, ce n'est pas seulement une question de bons nutriments. Encore faut-il remplir son panier avec les meilleurs produits, n'utiliser que ceux de toute première qualité et de toute fraîcheur, issus de l'agriculture biologique ou de petites productions artisanales :

- des légumes, des fruits, des céréales complètes, des huiles végétales de première pression, sans résidus de pesticides, d'insecticides, d'engrais chimiques ou de conservateurs ;
- des viandes d'origines certifiées, élevées (et abattues) sainement, sans arsenal hormonal ou antibiotique ;
- des poissons sauvages, en évitant les plus gros qui ont davantage « profité » des métaux lourds ingérés tout au long de la chaîne alimentaire. Et pour les poissons d'élevage, comme pour les viandes, on exige des garanties.

Même s'il est souvent question de quantités microscopiques, au fil d'une vie, tous ces résidus accumulés finissent par squatter nos tissus et nos organes, les empêchant de bien fonctionner et leur demandant de plus gros efforts d'élimination. Au « mieux », ils polluent notre métabolisme et nous « aident » à grossir. Au pire, ces résidus toxiques sont les joyeux organisateurs de tous nos désordres de santé, cancers en tête.

Règle n° 2

Si l'on ne peut empêcher notre corps de subir les divers facteurs de pollution externes, on peut néanmoins choisir ce que l'on consomme.

Les bonnes combinaisons

Plus un message est long et compliqué, plus il prend de temps à être décodé et plus il risque d'être mal compris. Plus un bureau déborde de dossiers, moins bien ceux-ci sont traités. Et concernant notre point de vue alimentaire : plus on ingère de mauvaises combinaisons, lourdes à assimiler, difficiles et longues à digérer, plus on risque l'effet de fatigue et le stockage...

Donc :

- on essaie toujours d'associer légumineuses et céréales, car leurs acides aminés respectifs se complètent, se métabolisant mieux que lorsqu'ils sont séparés ;
- si l'on veut perdre du poids, on mange dissocié : protéines + légumes, ou céréales et légumineuses + légumes ;
- on évite de mélanger deux protéines animales au cours du même repas, histoire d'alléger le travail pour notre système digestif ;
- hormis la pomme, on ne mange jamais de fruits pendant ou juste

après un repas. En effet, les glucides sont prédigérés dans l'œsophage et les protéines digérées au niveau de l'estomac, mais les sucres des fruits se décomposent au niveau de l'intestin, c'est-à-dire plus loin. En attendant leur tour, ils fermentent, et pendant ce temps, vous gonflez !

Attention : en phase de construction, ce qui implique d'importants besoins d'apports protéinés, les enfants ne peuvent manger dissocié.

Règle n° 3

On s'alimente pour avoir de l'énergie, pas pour en perdre. Donc on évite les combinaisons contre-productives d'aliments.

Les bonnes cuissons

On se décarcasse pour remplir son panier avec le meilleur du meilleur, pour trouver les produits les plus riches en forces de vie et on négligerait leur cuisson ?... Non ! Pas question de perdre une miette de leur potentiel énergisant à cause de cuissons violentes qui traumatisent les petites molécules constituant nos nutriments.

On mange beaucoup de cru (chacun en fonction de sa tolérance intestinale et, quoi qu'il en soit, davantage en été qu'en hiver), on mange al dente, on mange bleu, saignant, juste saisi, encore moelleux, rose à l'arête...

On privilégie donc les cuissons douces et lentes, légères et rapides : vapeur douce ou four à basse température, gril et wok sans carbonisation qui ne dénaturent pas les qualités nutritionnelles (donc énergétiques) de l'aliment et préservent les textures (donc le moelleux ou le fondant d'une viande ou d'un poisson).

Pour remplacer les sauces classiques, utilisez un blender de compétition dont la vitesse de rotation permet de réaliser, à base d'ingrédients crus ou à peine cuits, des émulsions hyper sexy de type mousselines et sabayons.

Règle n° 4

Ce n'est pas dans les vieilles casseroles qu'on fait les meilleures soupes.

La bonne saison

Pour composer son assiette, on s'inspire de la médecine chinoise et de sa loi des 5 éléments qui joue sur la relation énergétique entre les différents organes, lesquels fonctionnent en duos qui se ré- ou déséquilibrent en cascade. À chaque saison correspondent une activité plus intense d'un couple d'organes mais aussi une saveur particulière qui concourt à les rééquilibrer.

• Printemps	- Acide	- Foie et vésicule biliaire
• Été	- Amer	- Cœur et intestin grêle
• Fin de l'été	- Doux	- Rate, estomac et pancréas
• Automne	- Piquant	- Poumon et gros intestin
• Hiver	- Salé	- Rein et vessie

Y a pas de miracle !

Comme la nature est bien faite, la saisonnalité des fruits et légumes et leurs caractéristiques gustatives correspondent à la loge organique (le duo d'organes) qu'ils sont sensés soutenir. Pour mieux comprendre ces interactions et leurs implications en termes d'humeurs et d'état d'équilibre, plongez au chapitre « Humeurs et saveurs ».

Consommés durant leur pleine saison, les produits naturels sont plus riches en nutriments essentiels, moins chers et plus écologiques puisqu'ils n'ont pas fait des milliers de kilomètres en avion ou en camion.

Règle n° 5

Pour composer un menu, on respecte les saisons et la manne de produits locaux qu'elles nous offrent.

Le grand nettoyage

Pour évacuer les toxines accumulées, mettre ses organes au repos, retrouver de l'énergie, de belles formes, une jolie peau, effacer humeurs et sentiments négatifs et pour préparer son corps à chaque changement de saison, on s'offre cinq fois par an une semaine de cure détox (p. 44).

Une semaine durant laquelle, on va boire au moins 1,5 l d'eau par jour. On la choisit très faiblement minéralisée (en aucun cas celle du robinet, trop acide, chargée en minéraux non assimilables, énergétiquement morte et transmettant de mauvaises vibrations à nos cellules) et on évite de boire pendant les repas, sinon on dilue les sucs gastriques nécessaires à la digestion et on ralentit celle-ci.

On complète avec des tisanes drainantes à base de bourgeons de bouleau, d'artichaut, de fenouil, de radis noir... même si elles n'ont pas toutes bon goût !

En règle générale

Si l'on essaye de manger sain à 80 %, on a droit à 20 % de « crasses » et on apprend à compenser les lendemains de grands écarts.

1.2

CE DONT NOTRE CORPS A BESOIN

De glucides (ou hydrates de carbone) où puiser son énergie

Véritable carburant pour notre organisme, ces glucides se répartissent en deux groupes :

- les sucres rapides (sucreries, viennoiseries, farines blanches...) ;
- les sucres lents (farines complètes, légumes, légumineuses, fruits à fibres...).

Les sucres rapides offrent un coup de fouet immédiat, mais ils imposent au pancréas un travail intense et le forcent à produire de l'insuline en excès, ce qui entraîne aussi vite une dépression métabolique. Notre organisme vit alors sur des montagnes russes, passant de pointes d'hyperglycémie (avec à la clef hyperactivité, voire agressivité) à un état d'hypoglycémie (fatigue, problèmes de concentration, moral en berne).

À l'inverse, les sucres lents qui se digèrent lentement mais sûrement libèrent leur glucose dans l'organisme d'une manière constante et mesurée. En assurant une alimentation régulière du cerveau et du reste de l'organisme, ils entretiennent énergie, concentration et permanence dans l'effort (bonne nouvelle pour les intellos et les coureurs de fond !).

Manger des céréales complètes (pain complet, muesli, crème Budwig...) le matin et des légumineuses + des céréales à midi, c'est la meilleure garantie de ne pas avoir de fringales tout du long de la journée et se concocter un moral créatif et enthousiaste.

De protéines (végétales ou animales) comme matériau de construction

Et tant qu'à faire, en bon entrepreneur, choisissez les meilleures briques et privilégiez le poisson (trois fois par semaine), de préférence les petits poissons gras riches en oméga-3 (hareng, sardine, maquereau, anchois, rouget...). Mais aussi les œufs ultrafrais (en consommant le jaune cru), les viandes blanches (poulet, veau...), le gibier de qualité, les fromages de chèvre au lait cru, les yaourts entiers aux ferments L+. Enfin, pensez cholestérol : évitez les excès de viandes rouges et de celles trop riches en gras saturés comme le pain de viande, la saucisse et le mouton.

D'une manière générale, limitez votre consommation de protéines animales à 150-180 g par jour pour un adulte, sachant que les ados (nos héritiers sensés nous dépasser d'une tête) en pleine croissance en ont davantage besoin. Redécouvrez les vertus ancestrales des recettes à base de légumineuses.

Acidifiantes (au même titre que toute une série de céréales), les protéines produisent en plus énormément de déchets qui risquent de fatiguer votre organisme.

De vitamines et de minéraux

Pour assurer sa construction et son équilibre cellulaire, immunitaire et neurologique, garantir la bonne métabolisation des acides gras et aider l'organisme à équilibrer les excès d'acidité, véritable porte ouverte à l'oxydation qui accélère son vieillissement et son épuisement.

Minéraux et vitamines se bousculent au rayon fruits et légumes.

À tendance basique (contrepoids de l'acidité), consommez sans modération des légumes (en grande majorité basiques, s'ils sont mangés à la bonne saison) et des fruits (basiques ou peu acides).

Crus, extraits en jus, cuits à la vapeur, sautés au wok, légèrement grillés, déshydratés, blendés en potage, en coulis ou en smoothies... faites sauter les quotas préconisés par l'Organisation mondiale de la santé et osez plus de 5 portions de fruits et légumes par jour. Grâce à un extracteur, vous pouvez viser le kilo !

Du gras !

Pour construire les cellules qui le constituent, notre corps à besoin de lipides, plus précisément d'acides gras, mais pas n'importe lesquels ni en n'importe quelles quantités. S'il faut fuir les acides gras saturés (principalement les graisses d'origines animales terrestres, mais sans les éliminer non plus car une faible dose en est indispensable pour donner un peu de tenue à l'enveloppe de nos cellules), on recherche activement les monoinsaturés (dans l'huile d'olive) et les polyinsaturés.

Ces derniers contiennent les acides gras essentiels réputés pour toutes leurs gammes d'oméga-3 (huiles de noix, de lin, de chanvre, de poissons gras...) et d'oméga-6 (huiles de tournesol, de sésame, de carthame...).

Les acides gras essentiels concourent à construire et développer le cerveau, ils l'entretiennent et freinent le vieillissement cérébral. Ils jouent positivement sur notre équilibre neurologique, hormonal, psychique, émotionnel, et contribuent donc également à stimuler la libido. Ils diminuent les risques cardiovasculaires et réduisent l'hypertension. Ils entretiennent le derme et les articulations, et préviennent l'ostéoporose. Donc on arrête de tomber dans les pommes dès qu'on voit du gras !

Ceci étant, même les acides gras essentiels peuvent se révèler oxydants s'ils sont consommés en excès. On ne s'en fait donc pas des perfusions.

Des aliments basiques

Pour éviter l'acidification du corps, c'est-à-dire ce processus où lentement mais sûrement, l'organisme s'oxyde et se déminéralise, on évite de manger des aliments acidifiants au profit des basiques.

L'intérêt de consommer des aliments basiques ou alcalinisant, c'est que ceux-ci vont neutraliser l'acidité et donc permettre à l'organisme de ne pas puiser dans ses réserves basiques internes (calcium, magnésium, potassium...), évitant par là même les risques de déminéralisation, donc d'oxydation et de vieillissement.

Très basiques

Légumes à feuilles vertes, légumes crus, graines germées, algues, citrons, amandes prétrempées et pelées, avocats, châtaignes, huîtres, eau peu minéralisée.

Basiques

Légumes cuits vapeur, olives noires, riz complet, quinoa, maïs, huiles vierges première pression, épices, aromates et plantes séchées, pommes de terre, œufs, vinaigre de cidre et de grenade, pêches, bananes, pommes, poires, figues, mirabelles, melons, pastèques, grosses fraises, raisins...

Mais encore ...

De l'eau (très faiblement minéralisée) et de l'air pur. Du soleil (en se protégeant bien contre les UV) et de la lumière. De vraies plages de détente et de bonnes nuits de sommeil. De l'exercice physique et un rythme de vie décent. Et enfin, de la part de notre propre personne, de beaucoup d'amour et de respect.

Notre corps est la machine qui nous permet de fonctionner. Bien nourri, bien protégé et bien entretenu, ce cadeau de la vie se fait plus que jamais l'habitacle, la caisse de résonance, le moteur qui nous permet d'être vif, en forme, audacieux, courageux, beau, intelligent, généreux, éveillé, drôle, rêveur, entreprenant...

On n'a qu'une vie... Autant se donner les moyens d'être au maximum de son potentiel de vitalité pour découvrir le bonheur d'être soi, au sommet de ses capacités et au mieux de ses facultés.

De consommateur apathique, gavé de sucres et de graisses, on se mue en citoyen du monde et adulte responsable. On prend en main son destin en refusant de l'abandonner aux forces marketing de l'industrie agro-alimentaire.

1.3

LES VOLEURS D'ÉNERGIE

On diminue, on zappe, on évite, on supprime…

Tout ce qui acidifie : le café, l'alcool, le vin blanc, l'eau du robinet, l'eau gazeuse, les sodas, les aliments acides (champignons, tomates hors saison, rhubarbe, oranges, épinards, olives vertes, fruits pas mûrs…), les excès de protéines animales et de céréales acidifiantes (blé, avoine), les plats préparés industriels (constatez le nombre exagéré de leurs ingrédients et additifs), les plats mijotés (dont les nutriments sont morts depuis des heures), tout ce qui contient sur l'étiquette une liste de conservateurs, de colorants et d'antioxydants (qui protègent l'aliment de la dégradation, tout en nous oxydant !), le stress, la fatigue.

Les publicités et autres « infos » sur les problèmes de cholestérol nous le serinent assez : il faut fuir les acides gras saturés (graisses d'origine animale, c'est-à-dire produits laitiers, fromages gras, viandes grasses, charcuteries). Mais aussi (et là les pubs sont nettement moins bavardes), les huiles végétales extraites à chaud, les huiles saturées (huile de palme, huile de coco), les beurres frigo-tartinables, les margarines (même les bio !), les huiles hydrogénées et partiellement hydrogénées (contenues notamment dans les biscuits industriels, les barres chocolatées et les céréales du petit déj' garnies de gadgets dont nos gosses raffolent), soit autant de produits contenant des graisses « trans », responsables de lourds dépôts toxiques. Qui dit toxique, dit risques de méchantes maladies, mais bon, on n'est pas là pour mettre une mauvaise ambiance...

Tous les **sucres rapides**, ces voleurs d'énergie, qui prennent notre pancréas en otage et nous transforment en diabétiques, obèses et compagnie. Mais aussi l'aspartame (et donc les milliers de produits lights dont les machines marketing nous submergent) qui maintient notre pancréas en état de leurre, ce qui finit par nous faire grossir. De plus, les édulcorants sont suspects d'être responsables à terme de troubles neurologiques (Parkinson, Alzheimer...). En la matière, trop d'études contradictoires circulent et il faut refuser d'être les cobayes, ou les otages, des intérêts commerciaux de l'agroalimentaire.

Le four à **micro-ondes**, la **friture** et la **casserole à pression** qui dénaturent les structures moléculaires et annihilent certains nutriments très discrets et précieux.

Les **régimes hypocaloriques** (complètement dépassés d'un point de vue fonctionnel) et les **régimes hyperprotéinés** (efficaces au niveau perte de poids, mais hyperacidifiants et oxydants) qui font vieillir d'autant d'années que de kilos perdus. D'ailleurs, on se demande pourquoi tous nos amis qui ont suivi ces régimes ont le teint grisâtre…

De devenir exagérément orthodoxe, on n’a pas envie de se mettre à dos enfants, conjoints, belles-mères et bandes de copains. Donc, si on sacrifie encore de temps en temps au plaisir de l’entrecôte poivre crème et de sa platée de frites, on veille le lendemain à ajuster le tir en développant une stratégie anticrasse.

1.4

HUMEURS ET SAVEURS

Selon l'Énergétique chinoise dont les lois remontent à plus de 5000 ans, chaque organe en état d'équilibre cristallise des sentiments particuliers propres à enrichir la personnalité de l'individu et lui permettant de devenir un être exceptionnel. Mais quand il est atteint dans son équilibre, l'organe se retourne contre l'individu en développant chez lui des comportements négatifs. On a donc les humeurs de nos organes et à leur tour nos humeurs influencent nos organes.

Chaque organe est équilibré par une saveur naturelle et déséquilibré par la même saveur si celle-ci est transformée artificiellement ou surdosée.

Chaque équilibre/déséquilibre organique va créer des réactions en chaîne sur les autres organes.

Chaque organe a une zone précise de projection sur le visage et sur le corps où, en cas de déséquilibre, il s'exprime sous forme de cellulite, rides, boutons, taches, creux ou poches. Plus fort et moins cher que le botox, pour rester jeune et beau, misez sur un mode de vie sain !

Pour un métabolisme équilibré, il est important de retrouver de façon naturelle et équilibrée chaque saveur dans son assiette.

Foie et vésicule biliaire soutenus par la saveur acide

En équilibre : spontanéité, créativité, talent d'organisation, tolérance, générosité, fantaisie, courage pour s'affirmer et formuler des projets.

En déséquilibre : irritabilité, colère, envie, obstination, entêtement, intolérance, indécision, plaintes, gémissements.

Céréales : blé, couscous, épeautre, avoine.

Fruits : grenade, prune, framboise, mûre, myrtille, groseille, cassis, mandarine, pomme acide, ananas, citron, kiwi.

Légumes : persil, germes de luzerne et de légumes secs, oseille, tomate.

Divers : vinaigre de cidre.

Cœur et intestin grêle soutenus par la saveur amère

En équilibre : amour, charité, sagesse, solidarité active, ouverture aux autres, bonne humeur et rire, vision positive de la vie.

En déséquilibre : sentiment d'être incompris, bégaiement et confusion mentale.

Céréales : quinoa, seigle.

Produits laitiers : fromage de chèvre et de brebis.

Fruits : baies de sureau et pamplemousse.

Légumes : basilic, thym, romarin, poivron rouge, ortie, chicon, mâche, betterave rouge, laitue, pissenlit, artichaut, roquette, sauge.

Divers : thé vert, eau chaude.

Rate, estomac et pancréas soutenus par la saveur douce

En équilibre : personnalité équilibrée, compréhension d'autrui, esprit pratique, prise en main de sa vie, responsabilité et investissement.

En déséquilibre : buté, intolérant, inflexible, refus de prendre un risque, esprit radin, rumination, réflexion inutile centrée sur soi, dépression, difficulté à se concentrer.

Céréales : riz, millet, maïs, polenta, orge.

Fruits : abricot, pêche, cerise sucrée, datte, figue, pruneaux, pomme sucrée, banane, poire, raisin, melon, mangue, papaye, pastèque.

Divers : huiles de pépins de courge, d'olive, de sésame, de germe de blé, pignon de pin, noix de coco, noix, noisette, châtaigne, amande, pistache, sésame, miel, sucre de canne, vanille, safran, cannelle.

Légumes : champignon shitaké, fenouil, patate douce, haricot vert, courge, carotte, pomme de terre, chou, potiron, aubergine, céleri-rave et en branche, courgette, épinard, bette, avocat, concombre.

Poumon et gros intestin soutenus par la saveur piquante

En équilibre : épanouissement de l'être, développement personnel.

En déséquilibre : tristesse, angoisses existentielles, craintes liées au présent ou à l'avenir, incertitude...

Céréales : avoine et riz.

Légumes : oignon de printemps, poireau émincé, raifort, oignon cru, gingembre, ciboulette, radis noir, rose et blanc, pousses de radis, cresson...

Divers : roquefort, poivre, curry, piment, ail, yogi thé, gibier, basilic, cumin, cardamome, coriandre, muscade, anis étoilé, moutarde, dinde, sauge, thé à la menthe.

Rein et vessie soutenus par la saveur salée

En équilibre : volonté et courage d'affronter la vie et de combattre les difficultés, capacité à définir et protéger son territoire, capacité à « faire face », ténacité...

En déséquilibre : angoisse, incertitude inquiétante, peur des responsabilités, manque d'audace, tendance à renoncer trop vite...

Divers : viandes séchées, parmesan, poissons et crustacés, viande de porc, légumes secs, olives, prune umeboshi, algues, tamari, agar-agar, produits lacto-fermentés (choucroute, jus Breuss...)

1.5

MA SEMAINE DE DÉTOX

Pour retrouver de l'énergie, de belles formes et une jolie peau, on suit pendant une semaine une cure détox

Attention ! en pleine croissance, les enfants ont besoin de nutriments différents de ceux des adultes. Sauf s'ils sont gavés de sucres et de mauvaises graisses, a priori ces petits agneaux roses et frais ne sont pas censés entrer en détox.

Au réveil

Avant toute chose, on boit un verre d'eau tiède avec le jus d'½ citron, car non seulement cet agrume détoxine le foie mais, par un paradoxe étrange, il permet de faire descendre le niveau d'acidité du ph·corporel. Ensuite, en méditant sur cette phrase : « Si vous avez une voiture, revendez-la et achetez une centrifugeuse » (A. Robbins, *Pouvoir illimité*, éd. Laffont), on se sert un jus fraîchement pressé de pomme/carotte/gingembre ou de pomme/carotte/betterave.

La question de l'eau

Jamais du robinet et faiblement minéralisée. Pour la revitaliser, on secoue la bouteille au maximum (tout en esquissant quelques pas de mambo...) ou on y ajoute quelques gouttes de citron.

Au petit déjeuner

Un toast de pain d'épeautre au levain garni d'avocat ; ou un bol de riz complet (4 c. à s.) arrosé de lait de riz et d'1 c. à s. de sirop d'érable ; ou une crème Budwig ; ou un smoothie. Continuer à 10 h avec une vitamine C 100 % naturelle, type acerola.

Au déjeuner

Un verre de jus Breuss (magasins diététiques) ou une assiette de crudités avec une vinaigrette au tamari (p. 87). Ensuite, une recette à base de riz complet et de légumes (voir index des recettes p. 155).

À 16 h

Des fruits crus ou en compote.

Au dîner

Un velouté de légumes et, 3 fois par semaine, une crème à l'ail (p. 77). Ensuite, escortés de légumes cuits ou crus, 150 g maximum de protéines : poisson vapeur ou grillé ; ou 2 œufs sur le plat (jaune cru) ; ou blanc de poulet grillé ; ou boule de chèvre frais. Assaisonner avec un coulis délicieusement épicé (voir index des recettes p. 155).

Monodiète

Le troisième jour de la semaine, on fait une monodiète de jus Breuss (1 litre sur la journée). On l'achète dans les magasins diététiques ou on le presse soi-même : 300 g de betterave rouge, 100 g de carottes, 100 g de boule de céleri, 30 g de radis noir (facultatif), 1 pomme de terre avec sa peau (de la taille d'un œuf de poule, facultatif mais indispensable en cas d'insuffisance hépatique). En cas de résistance au cru, on privilégie une monodiète à la soupe de légumes verts.

Aïe aïe ouille !

On fait une cure et voilà qu'on a mal à la tête… Et aussi des nausées, des douleurs dans le bas du dos… Normal ! C'est la détoxination qui opère. Les trois premiers jours sont les plus durs, et d'autant plus si l'on était habitué à une alimentation débridée.

Manger dissocié et au bon moment

À midi, l'assiette est composée de légumes, céréales complètes et/ou légumineuses afin de bénéficier tout au long de la journée de la source diffuse d'énergie contenue dans leurs sucres lents.

Le soir, on table sur un maximum de 150 g de protéines associées à des légumes, mais sans l'ombre d'un glucide.

Exceptionnellement, on peut inverser les menus, mais on note que les acides des céréales sont plutôt évacués par la peau et les poumons en journée, tandis que les acides des protéines sont évacués durant la nuit par les reins.

Bio-intégriste

Le principe de cette cure étant de détoxiner, on veille à manger tout bio. Pas besoin d'évacuer des toxines d'une part et de les récupérer de l'autre dans les résidus chimiques contenus dans les produits de l'alimentation conventionnelle.

Chouette, des bonbons !

Si une alimentation équilibrée nous maintient en bonne santé, le fait de prendre des compléments nutritionnels c'est offrir à notre corps autant de petites gâteries qui le mènent à un niveau optimal sans qu'il ait besoin de faire appel à ses propres stocks. On se gâte donc à coups de compléments naturels parfaitement métabolisables, qui ne laissent ni dépôt toxinique, ni déséquilibre nutritionnel, ni accoutumance. À chaque changement de saison, on choisit : gelée royale, aloé vera, spiruline, ginseng...

Enfin, gardant bien en tête les principes de détoxination, on se concocte des recettes savoureuses. Loin des régimes déprimants et acidifiants, dans un contexte d'abondance et de plaisir, on développe ainsi un nouveau rapport à l'alimentation ; et en l'espace d'un mois, on décuple son tonus mental et physique.

2.

LES RECETTES

LA MÉTHODE DE LA MÉTHODE

Ou comment bien profiter des recettes de ce livre

Toutes les recettes de ce livre sont conçues pour 4 personnes.

Comme l'un des principes de la cuisine énergétique est de privilégier certaines combinaisons de familles d'aliments et d'en éviter d'autres, les recettes sont classées par catégories combinables et non suivant la partition classique : entrée, plat, dessert. Vous vous y ferez vite !

Les * cachées derrière certains mots renvoient au « Fond de cuisine » (p. 146).

Vous avez en main un petit format (suffisamment menu pour entrer dans votre sac de courses). Pour gagner de la place et vous donner davantage d'infos et de conseils pratiques, nous avons délibérément fait sauter la liste des ingrédients. N'hésitez pas à griffonner des notes au gré de ces pages : après tout, cet ouvrage est à vous !

Avant de vous lancer dans une recette, lisez-la jusqu'au bout pour vous assurer que vous disposez de tous les ingrédients nécessaires.

Un ingrédient vous manque ? No problemo ! Remplacez-le par un autre de la même famille.

Gagnez du temps et choisissez vos priorités : avec la vie qu'on mène, hors de question de passer tous les jours des heures à cuisiner, donc on fait cuire les céréales* et les légumes pour deux, trois jours. En revanche, mieux vaut consacrer du temps à éplucher des carottes plutôt qu'à repasser des serviettes de bain...

Les légumes de saison cuits al dente, à la vapeur ou à l'eau, et/ou sautés au wok (p. 106) constituent la base de nombreuses recettes. Préparez-en une bonne quantité, conservez-les trois jours au frigo dans des bocaux en verre (moins toxiques que les récipients en plastique) puis déclinez-les de mille façons.

Vous faites blanchir (vous ébouillantez rapidement) des légumes ou vous les passez à la vapeur ? Gardez le jus de cuisson, excellente base pour un bouillon ou une sauce.

100 % végétales, de nombreuses sauces sont déclinables en potages. De même, moult crèmes de légumes peuvent être concentrées en coulis.

Salez selon votre goût, mais gardez la main légère.

On parle de sel ? Il s'agit toujours de sel marin naturel* :

- gros sel pour la cuisson des pâtes, des céréales ou des légumineuses ;
- fleur de sel pour l'assaisonnement des salades, des viandes et poissons.

Enregistrez les techniques et les recettes, et variez les ingrédients, les herbes et les condiments en fonction du marché, des saisons et de votre humeur.

Soignez vos présentations, formes et couleurs : on mange d'abord avec les yeux.

Déchaînez-vous !

2.1

PETITS DÉJEUNERS ET COLLATIONS

Crème Budwig aux graines germées

*La veille, faire tremper dans de l'eau de source 4 c. à s. de **graines de lin**, 4 c. à s. de **pépins de courge**, 4 c. à s. de **graines de sésame**, 4 c. à s. de **graines de tournesol** et 4 c. à s. d'**amandes** trempées à part.*

*Le matin, éplucher les **amandes**, rincer les graines et mixer le tout avec 3 verres de **lait de riz**, 2 **pommes** ou 2 **poires** pelées et coupées en morceaux et 2 c. à s. de **sirop d'érable**. Servir aussitôt.*

Le saviez-vous ?

7 amandes contiennent autant de calcium qu'un litre de lait.

Alors que les pays occidentaux consomment davantage de produits laitiers que partout ailleurs, on note que leur population féminine souffre beaucoup plus d'ostéoporose. À méditer...

Merci la vie !

En faisant tremper ces oléagineux, on relance leur cycle de germination. Lorsqu'elles sont réinitialisées dans un processus de croissance, ces graines sont d'autant plus riches en nutriments et autres forces de vie.

Mousse vapeur d'abricot et cannelle au chocolat

Passer au cuit vapeur pendant 3-4 min 2 ***pommes*** *et la même quantité d'****abricots****. Mixer avec ½ c. à c. de* ***poudre de cannelle*** *et 2 c. à s. de* ***sirop d'érable****.*
Décorer avec des ***noisettes entières*** *passées au four 5 min et pelées juste après. Parsemer de quelques* ***copeaux de chocolat noir****.*

Crêpes légères au petit épeautre de Provence

Passer au blender 2 verres de ***lait de riz*** *avec 2* ***œufs****, 1 c. à s. d'****huile d'olive,*** *1 pincée de* ***sel****, 1 c. à s. de* ***sirop d'érable****. Ajouter de la* ***farine de petit épeautre*** *blutée (tamisée) à 50 % jusqu'à consistance d'une pâte à crêpes. Cuire les crêpes à l'huile d'olive.*

Servir avec 2 c. à s. de ***beurre au lait cru*** *fondu au bain-marie ou à la vapeur et mélangé avec le jus d'un* ***citron vert*** *et 2 c. à s. de* ***sirop d'érable****.*

Ou avec du ***rapadura**** *: particulièrement reminéralisant, à l'opposé des autres sucres qui, plus ils sont raffinés, plus ils dégagent une acidité meurtrière pour l'organisme.*

Mousseline de pomme et papaye à la vanille

Passer au cuit vapeur pendant 3-4 min 2 ***pommes*** *et 1 gousse de* ***vanille*** *fendue sur la longueur.*
Passer au blender avec la chair de 2 belles ***papayes*** *bien bien mûres et la pulpe grattée de la gousse de vanille.*
Servir très frais.

La papaye

Riche en enzymes digestives, ce fruit exotique est également très basique (p. 29).

La cannelle et la vanille

La première stimule les fonctions circulatoires, cardiaques et respiratoires. Qui plus est, elle équilibre la fonction intestinale et aurait un effet régulateur en cas de diabète.

Antiseptique, la seconde est aussi un stimulant digestif.

Délicieusement parfumées, toutes les deux font le bonheur des gourmands.

Smoothie de mangue et avocat

*Passer au blender la chair d'une **mangue** avec celle d'un **avocat**, 1 c. à c. de **gingembre râpé** et le jus d'un **citron vert**. Servir frais.*

Jamais sans mon avocat

Très riche en acides gras de première qualité et en vitamines A, B1, B2, B3, C et E, l'avocat contribue solidement à la régénérescence du foie. Il rendrait donc de bonne humeur !

Porridge à la cannelle et aux amandes

*Dans un poêlon, faire chauffer ½ litre de **lait d'amande**, y ajouter 2 tasses de **flocons de riz**, laisser épaissir, ajouter 1 c. à s. de **sirop d'érable** avant de servir.*

*Décorer avec une pincée de poudre de **cannelle** et 1 c. à s. d'**amandes** pelées et rôties délicatement dans un filet d'**huile d'olive**. Si c'est trop épais, délayer avec un peu de **lait de riz** froid.*

Varier les plaisirs

Remplacer les flocons de riz par des flocons de millet, de sarrasin, de châtaignes...

Milk-shake aux fruits de la passion

Passer au blender à très petite vitesse la chair de 4 ***fruits de la passion*** *pour essorer les pépins, ensuite passer au chinois et réserver le jus.*
Mixer le jus avec 2 grands verres de ***lait de riz****, 4 c. à c. de* ***purée d'amandes blanches****, ½ c. à c. de* ***poudre de vanille****, 1 c. à s. de* ***sirop d'érable*** *et 8 petits* ***glaçons****.*

Décorer avec ½ c. à c. de ***pistaches*** *rôties et réduites en poudre.*

Crème de fraises

Passer au cuit vapeur pendant 3-4 min 2 ***pommes*** *et 1 gousse de* ***vanille*** *fendue sur la longueur. Mixer avec la même quantité de* ***fraises*** *fraîches et un peu de* ***miel****.*

Superantioxydant

Fraises, airelles et cranberries (canneberges), framboises, groseilles, mûres, myrtilles, raisins, pépins de grenades... tous ces petits fruits rouges, ces baies violettes et autres trésors des bois se font remarquer par leurs jolies couleurs et leurs saveurs gourmandes. Leur point commun ? Un taux élevé en procyanidines, ces superantioxydants qui nous prémunissent contre le cancer.

Une autre bonne nouvelle ?

On trouve également des procyanidines dans le vin rouge et le chocolat. Mais faut-il vous le rappeler ? Tous deux à consommer avec modération !

Cosmétique gourmande

Tartinez-vous le visage de miel, puis rincez-le à l'eau tiède. Douceur et coup d'éclat garantis.

Chaud et froid d'ananas aux épices

*Peler 4 c. à s. d'***amandes** *mises à tremper la veille, les sécher avec un essuie-tout. Les faire rôtir dans de l'***huile d'olive***.*

Couper un bel **ananas** *bien mûr en tranches très fines, ôter le cœur. Poser sur un plat.*

Dans une casserole, verser le jus de 6 **mandarines***, 1 c. à s. de* **sirop d'érable***, 1 bâton de* **cannelle***, 1 gousse de* **vanille** *fendue dans la longueur et un dé de* **gingembre** *frais découpé en fines tranches puis en lamelles. Faire réduire à feu vif pendant 20 min. Enlever la gousse de vanille et gratter l'intérieur. Ajouter la pulpe de vanille à la réduction en fouettant pour bien la « dégrumeler ».*

Verser le liquide bouillant sur les tranches d'ananas. Servir chaud, tempéré ou frais. Décorer avec de la **menthe** *fraîche et les amandes rôties.*

Champion toutes catégories

Comme si le fait d'être riche en vitamines et en minéraux ne lui suffisait pas, le cœur de l'ananas contient une enzyme formidable qui coupe les chaînes de protéines, facilitant dès lors leur digestion. Franchement délicieux, ce fruit exotique est donc énergétique, digestif, dépuratif, détoxinant, aphrodisiaque... On en raffole et on ne perd jamais une occasion de le marier en jus à d'autres fruits.

Salade de pêches blanches au thé vert et aux épices

*Dans une casserole, mettre ½ l d'***eau** *et ½ botte de* **menthe** *entière, ainsi qu'1 fleur d'***anis étoilé***, 1 bâton de* **cannelle***, ½ pouce de* **gingembre** *émincé à l'économe, 2* **clous de girofle***, 1 c. à c. de graines de* **cardamome***, ½ c. à c. de* **poivre** *en grains et une gousse de* **vanille** *fendue dans la longueur. Porter à ébullition, puis cuire à feu doux et à couvert pendant 15 min. Ajouter ½ c. à c. de* **thé vert** *et laisser infuser quelques minutes.*

Blanchir les **pêches** *à la vapeur, les peler et les couper en morceaux. Pocher les pêches dans le jus filtré d'où on aura ôté le bâton de vanille gratté, la cannelle et l'anis étoilé. Placer au frais pendant quelques heures. Avant de servir, mélanger avec ½ botte de* **menthe** *hachée et une poignée d'***amandes** *blanches pelées et juste dorées à sec.*

Thé vert

Particulièrement consommé en Extrême-Orient où il est associé à la santé et la longévité, le thé vert contient des polyphénols, ces antioxydants plus puissants que les vitamines C et E. En somme, une délicieuse denrée pour lutter contre les maladies dégénératives et autres méchants crabes.

2.2

LÉGUMES

LES POTAGES, CRÈMES ET VELOUTÉS

Velouté de chou-rave aux noix et persil plat

Nettoyer 2 ***choux-raves*** *de leurs feuilles, les peler et les couper, émincer 2* ***échalotes*** *et 1 gousse d'****ail****, faire cuire à la vapeur.*
Ajouter les queues d'½ botte de ***persil*** *plat.*
*Passer au blender 250 ml d'****eau*** *minérale bouillante, ½ cube de* ***bouillon*** *végétal, les légumes vapeur, un verre de persil plat cru, ¼ de verre d'****huiles d'olive et de noix****, 100 g de* ***noix****, une pincée de* ***sel****.*
Décorer avec quelques cerneaux de ***noix*** *concassés et un peu de* ***graines germées****.*

Idée gourmande

On peut éventuellement agrémenter ce velouté de quelques lamelles de saumon fumé.

Crème de courgette au persil

Procéder comme pour la recette précédente en utilisant 2 ***courgettes****, 2* ***oignons****, 1 gousse d'****ail*** *et ½ botte de* ***persil****.*
*Remplacer les huiles d'olive et de noix par un mélange d'****huiles d'olive*** *et de* ***pépins de courges****. Décorer avec des* ***graines germées****.*

Le saviez-vous ?

La cuisson à la vapeur adoucit la forte saveur piquante de l'ail.

Minestrone vite fait bien fait

Couper en brunoise de 1 cm au maximum : 2 ***carottes****, 2 branches de* ***céleri*** *vert, 2* ***navets****, 2* ***échalotes****, 2 gousses d'****ail****, 1* ***fenouil****, 2 blancs de* ***poireaux*** *et 1* ***courgette****. Faire rôtir tous les légumes (à l'exception des courgettes) dans un filet d'****huile d'olive*** *avec 1 c. à c. de* ***thym*** *et* ***romarin*** *frais haché pendant 3-4 min. Mouiller les légumes à hauteur avec de l'****eau*** *bouillante, 1 cube de* ***bouillon*** *végétal et 1 c. à c. de* ***sel****. Cuire encore 5 min. Ajouter les courgettes et servir aussitôt avec, garnissant l'assiette, 1 c. à s. de* ***coulis de poivron ou de tomate*** *(p. 82).*

Crème de carotte, notes d'agrume

*Dans une casserole et un filet d'**huile d'olive**, faire rôtir quelques minutes 8 **carottes** moyennes, pelées et coupées en rondelles, avec 1 **oignon** et 2 gousses d'**ail** émincées, ½ c. à c. de poudre de **curcuma**, ½ c. à c. de **gingembre** râpé, ½ c. à c. de **thym** et **romarin** frais hachés. Mouiller avec le jus de 3 **oranges** ou de 6 **mandarines**. Ajouter de l'**eau** bouillante jusqu'aux ¾ de la hauteur des légumes et ½ cube de **bouillon** végétal. Saler et passer au blender avec 2 c. à s. d'huile d'olive.*
*Décorer avec quelques pluches de **cressonnette** et des **noisettes** entières toastées, pelées et grossièrement pilonnées. Terminer avec 1 filet d'**huile de noisette**.*

Crème de potiron piquante

*Remplacer les carottes de la recette précédente par des cubes de **potiron**, ajouter 1 **piment rouge**, 1 c. à c. de graines de **coriandre** et 1 c. à c. de graines de **cumin**. Remplacer le jus d'orange par de l'**eau** bouillante couvrant juste les légumes. Passer au blender comme ci-dessus, mais en réservant (en la congelant) une partie de l'eau de cuisson pour le couscous (p. 124).*
*Garnir avec 1 c. à c. de **caviar d'algues** (p. 92).*

Crème d'été au fenouil, lime et limon

Cuire à la vapeur pendant 5 min 2 bulbes de ***fenouil*** *coupés en 2 puis débités en croissants, ainsi que 2* ***échalotes*** *et 2 gousses d'****ail****. Passer au blender avec ½ bol de jus de cuisson, le jus d'un* ***citron vert****, 2 c. à s. d'****huile d'olive*** *et 3 feuilles de* ***lime****.*

Le paradoxe du citron

Bien que très acide au goût, cet agrume est alcalinisant. De fait, extrêmement riche en vitamines C, il contribue à la métabolisation du calcium.

En gros, contrairement au Coca bourré de sucres et ultra-acidifiant, il nous protège de l'ostéoporose.

Velouté détox à l'ail

*Peler 1 tête et demie d'**ail**, enlever le germe si nécessaire. Faire bouillir les gousses dans 750 ml d'eau pendant 10 min. Rajouter un **oignon** coupé en rondelles et une **courgette** moyenne pelée et coupée en tronçons. Cuire encore 4-5 min. Passer le tout au blender et, avant de servir, ajouter 3 c. à s. de **crème fraîche de soja** et ½ verre d'**herbes fraîches** hachées, comme par exemple du **pourpier**.*

L'ail

C'est un détoxinant et un hypotenseur redoutable. Il améliore la circulation, agit comme antiseptique pulmonaire, fait baisser le taux de cholestérol, fluidifie le sang et a un effet hypoglycémiant. C'est un aliment-médicament par excellence. Préparé en velouté, on peut en ingérer des quantités importantes sans être incommodé par l'odeur.

Contre-indication

L'ail est déconseillé en cas d'hypersensibilité digestive ou en période d'allaitement (et encore, ça dépend des bébés !).

Crème de chou-fleur à la coriandre et au curry

Cuire à la vapeur, pendant 5 min, 500 g de ***chou-fleur*** *en bouquets avec ½ c. à c. de poudre de* ***curry****, 1 petit* ***piment vert*** *(facultatif), 2* ***échalotes*** *et 2 gousses d'****ail****.*
Passer au blender avec ½ verre de jus de cuisson, ½ cube de ***bouillon*** *végétal, 3 c. à s. d'****huile d'olive*** *et ½ c. à c. de* ***sel****.*
Décorer avec quelques feuilles de ***coriandre****, 2 c. à s. de* ***pignons*** *blondis dans un filet d'huile d'olive et un rien d'****épices aux algues**** ***.*

Crème blanche d'automne

Passer à la vapeur pendant 5 min 1 bol de ***panais*** *et 1 bol de* ***navets*** *pelés et débités en cubes, ainsi que 2* ***échalotes*** *et 2 gousses d'****ail****.*
*Passer au blender avec le jus de cuisson, 2 c. à s. d'****huile d'olive****, ½ cube de* ***bouillon*** *végétal et ½ c. à c. de* ***sel****.*
Décorer avec des ***herbes fraîches*** *de saison et un filet d'****huile de pépins de courge****. Rallonger si nécessaire avec un peu d'****eau****.*

Or vert

Non seulement, elle a un goût délicieux mais, de plus, l'huile de pépins de courge est réputée pour son action de protection de la prostate. Messieurs, à bon entendeur !

2.3

LÉGUMES

LES SAUCES, COULIS, MAYOS ET VINAIGRETTES

Sauce verte au cerfeuil, au persil ou au pourpier

Cuire à la vapeur pendant 5 min 1 ***échalote*** *et 1 gousse d'****ail****. Passer au blender avec 1/3 de verre de* ***bouillon*** *de réserve ou d'eau de cuisson de légumes, 1 verre d'****huile d'olive****, 1 c. à c. de* ***purée d'amandes blanches****, le jus d'1* ***citron vert****, 1 c. à c. de* ***moutarde à l'ancienne****, ½ cube de* ***bouillon*** *végétal, une pincée de* ***sel*** *et un verre de* ***cerfeuil*** *cru.*

On prend les mêmes et on recommence

Utilisez les mêmes ingrédients, mais remplacez le cerfeuil par du persil ou du pourpier. Attention, sans un blender de compétition, la texture de cette émulsion risque d'être moins sexy…

Universels et tout terrain

La plupart des veloutés, crèmes et potages des recettes précédentes peuvent être utilisés comme base pour préparer un coulis.

Coulis de potiron aux tomates confites

Utiliser un reste de ***crème piquante de potiron*** *(p. 75), la passer au blender avec 1 c. à c. de* ***purée d'amandes****, 1 verre d'****huile d'olive****, ½ cube de* ***bouillon*** *végétal et un bol de* ***tomates confites*** *ciselées. Rectifier l'assaisonnement.*

Coulis rouge

Passer 4 ***tomates*** *pelées et épépinées à la vapeur avec 2 gousses d'****ail*** *effilées pendant 5 min. Passer au blender avec* ***huile d'olive****,* ***bouillon*** *végétal,* ***sel*** *et éventuellement ½ bol de* ***tomates confites****.*

Variante aux poivrons

Passer 2 ***poivrons*** *au four à 180 °C pendant 20 min, les peler. Cuire à la vapeur 1* ***échalote*** *et 1 gousse d'****ail****. Passer au blender avec les mêmes ingrédients que le coulis ci-dessus.*

Coulis rose betterave

Laver et passer 2 ***betteraves*** *rouges à l'extracteur, écumer et verser le jus dans un poêlon avec 3* ***échalotes*** *et 3 gousses d'****ail*** *hachées grossièrement, 1* ***bouquet garni****, ½ cube de* ***bouillon*** *végétal et 1 pincée de* ***sel****. Faire réduire à feu vif, ôter le bouquet garni. Passer au blender avec ½ verre d'****huile d'olive****.*

Coulis à l'avocat et au pamplemousse

Mixer la chair d'un ***avocat*** *mûr avec ½ verre de jus de* ***pamplemousse****, ½ verre d'****huile d'olive*** *et ½ c. à c. de* ***sel****.*

Mon aïoli sans œuf

Mixer 2 ***échalotes*** *et 2 gousses d'****ail*** *cuites à la vapeur avec 2 c. à s. d'****amandes*** *blanches prétrempées 30 min, 3 filaments de* ***safran*** *prétrempés dans une c. à s. d'eau bouillante, ½ c. à c. de* ***sel****, 1 petit* ***piment rouge*** *haché (facultatif) et un verre d'****huile d'olive****.*

Faire trempette

Le fait de faire tremper les amandes permet d'enlever facilement leur peau acide et de relancer leur processus de germination, augmentant de ce fait la force de leurs nutriments.

Mayonnaise d'artichaut

Blender 2 ***cœurs d'artichaut*** *précuits avec le jus d'1* ***citron****, 1 verre d'****huile d'olive****, ½ verre d'****amandes*** *blanches prétrempées pendant 1 h, et une pincée de* ***sel****.*

Mayonnaise de chou-fleur ou de chou-rave

Remplacer les cœurs d'artichaut par ¼ de ***chou rave*** *ou ½ bol de bouquets de* ***chou-fleur*** *précuits al dente à la vapeur et refroidis.*

Mayonnaise sans œuf aux noix de cajou et basilic

Passer au blender 4 c. à s. de ***noix de cajou*** *prétrempées pendant 30 min et égouttées, avec 1 c. à c. de* ***moutarde à l'ancienne****, 3 c. à s. de* ***vinaigre de cidre****, 3 c. à s. d'****eau*** *de source, ½ c. à c. de* ***sel****, quelques feuilles de* ***basilic*** *et un verre d'****huile d'olive****.*

Mayonnaise aux amandes et à l'estragon

*Remplacer les noix de cajou par des **amandes** et le basilic par des feuilles d'**estragon**.*

Vinaigrette au tamari

*Mélanger 1 verre d'**huile d'olive** ou de mélange d'**huiles d'olive, de noix, de pépins de courge** avec 1 c. à s. de **vinaigre balsamique** ou de **vinaigre de cidre**, 1 c. à c. de **moutarde à l'ancienne**, 2 c. à s. de **tamari***, le jus d'1 **citron vert** et 1 petit **piment** finement ciselé (facultatif). Garder au frigo.*

2.4

LÉGUMES

EN HORS-D'ŒUVRE, EN ENTRÉE OU COMME ACCOMPAGNEMENT

Caviar d'aubergine, gingembre et basilic

*Préparer une marinade : dans 1 verre d'**huile d'olive**, mélanger 3 gousses d'**ail** hachées, 2 c. à s. de **romarin** haché, 1 c. à s. de **gingembre** râpé, 1 c. à c. de **sel**.*
*Couper 3 **aubergines** en deux dans le sens de la longueur, faire des entailles profondes et parallèles en diagonales.*
Avec un pinceau, y faire rentrer la marinade au plus profond.
Cuire sur un papier sulfurisé, côté chair vers le bas, au four à 80 °C pendant 2 h 30 ou à 180 °C durant 20 min si on est pressé !
Ôter la chair à la cuillère, la passer au mixeur avec quelques feuilles de basilic. Rectifier l'assaisonnement.

Variantes gourmandes

Peut aussi être passé au blender avec quelques tomates confites (p. 98). À déguster sous forme de quenelles pour accompagner un gigot d'agneau en hypocuisson.

Caviar d'aubergine à l'orientale

*Utiliser la même base que dans la recette précédente mais sans le basilic. Passer au blender 2 bols de **caviar d'aubergines**, 1 c. à c. de graines de **cumin** et ½ bol de graines de **sésame** complet prétrempées pendant 1 h. Ce caviar d'aubergine à l'orientale peut se déguster avec de fins toasts d'**épeautre** frottés à la purée d'**ail**.*

Caviar de potiron au romarin

*À l'aide d'un pinceau, badigeonner 4 tranches de **potiron** pelé et épépiné avec de l'**huile d'olive** additionnée d'un peu de **romarin** et d'**ail** haché. Passer 5 bonnes minutes sous le gril du four. Blender avec ½ c. à c. de **sel**, 2 c. à s. d'**huile d'olive**, ½ cube de **bouillon** végétal et ½ tasse de **graines de tournesol** prétrempées pendant 1 h.*

Se conserve

Au frigo pendant 2-3 jours ; se tartine amoureusement sur un toast.

Une cuisson alternative

Cuire les tranches de potiron à 80 °C pendant 45 min.

Caviar de cœur d'artichaut

Cuire 4 ***artichauts*** *à la vapeur. Mixer sans tarder les cœurs au blender avec le jus d'1* ***citron****, ½ cube de* ***bouillon****, ½ verre d'****huile d'olive****, 5 feuilles de* ***basilic****, du* ***sel*** *selon le goût.*

À consommer...

Sur des toasts, en dip pour l'apéro, ou un brin allongé, jouant la mousse de cappuccino, sur une crème de légumes.

Se conserve

24 h au frigo.

On ne jette rien !

On grignotera les feuilles d'artichaut avec une sauce au persil plat (p. 81).

En cure

Détoxifiant hors pair, l'artichaut tonifie les fonctions biliaires et hépatiques. Et qui plus est, c'est un excellent diurétique. Vous aimez l'artichaut ? Foie et vésicule, reins et vessie vous remercient.

Caviar d'algues

*Faire tremper quelques minutes dans de l'eau de source un mélange d'**algues dulse**, de **laitue de mer** et d'**arame** déshydratées.*
Bien égoutter en pressant les algues.
*Les assaisonner avec un mélange moitié **huile d'olive** moitié **huile de sésame**, le jus d'un **citron vert**, du **piment vert** frais, 3 **oignons** de printemps hachés, et 1 grand verre d'**herbes fraîches** finement ciselées.*
*Rectifier l'assaisonnement avec du **sel** ou un peu de **tamari***. Tasser et réserver au frais pendant une heure au moins.*

Trop bon !

Au début, on trouve la saveur et la texture des algues un brin étranges. Puis, très vite, on devient accro au goût iodé, à la mâche croquante et aux reflets noir caviar et vert du fond des mers de ces superconcentrés en nutriments énergétiques, oméga-3 en tête.

Carpaccio de courgettes, brunoise de navets et fanes, émulsion à l'huile d'argan

Couper 4 jeunes ***navets*** *en brunoise et ciseler les feuilles de* ***fanes*** *lavées. Passer à la vapeur durant 3 min. Refroidir dans de l'eau glacée. Dans un bol, mélanger navets et fanes, 1 petit* ***citron vert*** *pelé à vif et coupé en petits morceaux, 3 c. à s. de* ***graines germées****, 1 c. à c. de* ***gingembre*** *frais en filaments, saler et poivrer. Préparer les* ***courgettes*** *comme pour le carpaccio de carottes (pages suivantes), poser dessus un nid de fanes et navets, émulsionner la marinade des courgettes avec 2 c. à s. d'****huile d'argan*** *et verser par-dessus.*

Le navet

Garantissant une sympathique proportion de vitamines C, le navet possède par ailleurs de belles qualités diurétiques, dépuratives et antioxydantes, bref un bon ingrédient détox.

Vous jouez de la mandoline ?

Impossible de confectionner un carpaccio sans mandoline. Mais gare aux phalanges ! Veillez à toujours utiliser l'accessoire doté de piques qui empêchent le légume de glisser... et les doigts de terminer en rondelles.

Carpaccio de carottes et fondue de poireaux à la menthe

Peler 400 g de ***carottes*** *et les couper à la mandoline en fines lamelles. Dans un bol, mélanger 3 c. à s. d'****huile d'olive****, le jus d'1* ***citron vert*** *et du* ***sel****. Faire mariner les carottes dans ce mélange pendant 30 min minimum.*
Débiter 4 blancs de ***poireaux*** *en fins biseaux. Les passer 2 min à la vapeur. Les refroidir directement à l'eau glacée. Égoutter et mélanger avec de l'****huile d'olive****, du* ***sel****, du* ***poivre*** *et de la* ***menthe*** *ciselée.*
Aligner sur une assiette les carottes. Poser dessus un nid de poireaux et quelques pousses ***de graines germées*** *(de poireau, de préférence). Décorer éventuellement avec des feuilles de menthe.*

Du cru et des couleurs

Rouge, blanc, vert, orange...
Betterave, céleri rave, asperge, concombre, courgette...
La gamme des légumes est vaste quand il s'agit de décliner le carpaccio !

Mais encore

On peut agrémenter un carpaccio de légumes en déposant dessus une quenelle d'houmous de pois chiche (p. 112) ou de tapenade d'azukis (voir la tapenade de haricots blancs, p. 111), ou bien encore un caviar d'algues (p. 92) ou une petite salade composée garnie de graines de potiron toastées à sec.

Tomates confites

Laver et couper les ***tomates*** *en 4, les épépiner. Les glisser au déshydrateur entre 6 h et 12 h (selon le but : moelleux ou sec). Encore moelleuses ? Les conserver au congélateur ou dans de l'****huile d'olive*** *aromatisée. À défaut de déshydrateur, les badigeonner d'****huile d'olive****, de* ***sel****, de* ***sucre*** *et de* ***thym sec*** *et laisser 6 h au four à 90 °C.*

Tapenade de noix de cajou, citron vert et ciboulette

*Faire tremper dans de l'****eau de source*** *200 g de* ***noix de cajou*** *pendant 24 h.*
*Égoutter et mixer avec ½ verre d'****huile d'olive****, ½ verre d'eau de source et le jus d'un* ***citron vert****. Saler.*
Juste avant de servir, ajouter 2 c. à s. de ***ciboulette*** *hachée.*

Flan de persil aux amandes

Passer à la vapeur pendant 3 min 2 ***échalotes*** *et 1 gousse d'****ail****. Ajouter ensuite une* ***courgette*** *moyenne en tranches, faire cuire encore 2 min. Laisser refroidir et réserver. Faire bouillir un verre de* ***jus*** *récupéré* ***de cuisson*** *de légumes (ou un verre d'eau de source additionnée d'¼ de cube végétal). Ajouter 1 g d'****agar-agar*** *en poudre, fouetter vigoureusement pendant 2-3 min après ébullition.*

Mixer tous les ingrédients au blender avec ½ botte de ***persil****, 1 c. à c. de purée d'****amandes*** *blanches, ½ c. à c. de* ***moutarde*** *en grains et le jus d'un* ***citron vert****, saler et poivrer. Tapisser les bords de 4 ramequins d'une fine tranche de courgette coupée à la mandoline. Verser le mélange et faire prendre au frigo pendant 1 h. Démouler et servir.*

Agar agar ?

Idéal pour remplacer les gélatines animales, l'agar-agar est un gélifiant végétal à base d'algues. Les Japonaises l'adorent en cure de printemps où elles se concoctent mille et un flans sucrés ou salés, histoire de se purifier l'intestin. Utilisez 2 g pour 600 ml de préparation.

Servir

Avec une vinaigrette au tamari ou un coulis rouge (p. 87 et 82).

Lasagnes de fenouil cru et épinards sautés au gingembre

Couper 2 bulbes de ***fenouil*** *en tranches fines et les faire mariner quelques minutes dans ½ verre d'****huile d'olive*** *additionnée d'une pointe de* ***sel*** *et d'une gousse d'****ail*** *hachée. Réserver.*
*Laver 500 g d'****épinards*** *et les faire fondre au wok dans un filet d'huile d'olive avec ½ c. à s. de* ***gingembre*** *râpé.*
Présenter sur assiette en superposant tranches de fenouil et couches d'épinards. Fixer avec un cure-dent surmonté d'une ***tomate cerise****. Servir avec un* ***coulis rouge*** *ou* ***vert*** *(p. 82 et 81).*

Gingembre

Piquante et parfumée, magnifiant les cuisines exotiques, voilà une racine réputée pour ses vertus aphrodisiaques. De plus, nous vous dirons que, bel et bien magique, cet ingrédient a de magnifiques propriétés stimulantes, revitalisantes, digestives, antiseptiques, etc. Et donc, s'agissant d'un corps sain et bel et bien détoxiné, les questions de libido ne relèvent plus que de l'état d'esprit...

Quenelles de brocoli aux pignons

*Faire cuire al dente 800 g de têtes de **brocoli** à l'eau bouillante. Plonger directement dans un bac d'eau glacée.*
*Égoutter, passer au blender avec une tasse de **pignons de pin**.*
*Ajouter 1 c. à s. de purée d'**amandes**, ½ verre d'**huile d'olive**, 8 feuilles de **basilic** déchirées, **sel** et **poivre**. Dresser en quenelles sur l'assiette.*

Le tour de main

On forme des quenelles en les modelant, armé d'une cuillère à soupe dans chaque main.

Variations sans fins

Légumes divers (carotte, potiron, chou-fleur, panais, fèves des marais, chou rave, céleri rave...), poudres de curry, épices marocaines, herbes aromatiques, graines germées, oléagineux toastés ou non... le répertoire est large si l'on cherche d'autres idées pour aromatiser les quenelles.

Quenelles de chou-fleur au curcuma et aux pistaches

Faire cuire al dente 800 g de bouquets de ***chou-fleur*** *à l'eau bouillante additionnée d'1 c. à c. de poudre de* ***curcuma****.*
Plonger directement dans un bac d'eau glacée, égoutter.
Passer au blender avec un bol de ***pistaches*** *sans la peau, ½ verre d'****huile d'olive****, quelques feuilles de* ***coriandre****,* ***sel*** *et* ***poivre****.*
Dresser en quenelle sur l'assiette.

Super facile

Encore plus simple que le blender : on utilise l'embout « spécial purée » de l'extracteur. Et hop ! Vive les quenelles.

Étouffée de légumes couleur d'or

Faire sauter pendant 2 min au wok divers ***légumes*** *taillés en cube.*
Ajouter ½ verre d'eau bouillante additionnée d'½ cube de ***bouillon*** *végétal et ½ c. à c. de* ***curcuma****.*
Laisser compoter à feu doux et à couvert durant 5 min.
Rectifier l'assaisonnement si nécessaire.

L'épice magique

Le curcuma est un puissant antioxydant. Comme sa couleur ensoleille soupes, coulis et autres préparations, on en use et on en abuse.

Associée au poivre noir, cette épice s'applique à nettoyer le mucus qui risque de s'installer sur la paroi intérieure de l'intestin grêle, freinant dès lors la métabolisation du bol alimentaire, lequel doit passer, microparcellisé, à travers les villosités qui tapissent l'intestin, pour infiltrer le système sanguin et de là alimenter les cellules.

À noter : les principaux responsables de ce mucus sont les produits laitiers et l'excès de protéines animales, surtout si celles-ci ont été grillées !

Fricassée de pak choi

Laver les branches de 2 bottes de ***pak choi****. Séparer les feuilles vertes des tiges blanches. Découper celles-ci en biseau.*
*Dans un wok, verser 2 c. à s. d'****huile d'olive*** *et ½ pouce de* ***gingembre*** *débité à l'économe en minicopeaux. Y faire sauter durant quelques minutes les côtes de pak choi tout en conservant un esprit al dente. Ajouter les feuilles, laisser flétrir. Saler et donner un tour de poivre du moulin.*

Prononcez « pakchoïe »

Le pak choi ou *brassica rapa* (pour les amis du latin) est un chou chinois à côtes blanches et feuilles vertes, riche en vitamine C, acide folique (vitamine B9) et calcium.

Couper en biseau ?

Plutôt que de couper carottes, céleris, poireaux et Cie en rondelles ou en tronçons, on les coupe en biais ! C'est plus joli.

Fenouil braisé minute

*Nettoyer 2 **fenouils** et les trancher finement (2 ou 3 mm d'épaisseur) à la mandoline ; les mélanger avec 3 c. à s. d'**huile d'olive**, 2 c. à s. de **persil** haché et 2 gousses d'**ail** pressé, saler légèrement. Les étaler sur la taque de cuisson du four et les laisser caraméliser environ 4 min, le plus près possible du gril.*

Surprise !

Loin de la saveur fadasse et de la couleur grise du fenouil vapeur qui (sauf réduit en crème au blender) se révèle facilement une punition, le goût légèrement caramélisé du fenouil braisé a un parfum de bonbon. Faites gaffe, les gosses risquent d'adorer cette recette express !

Et si je n'ai pas trouvé de fenouil au marché ?

En hiver, on remplace le fenouil par du chicon.

De toute bonne « foie »

Sous ses dehors un brin pâlot, le fenouil a de belles vertus : en bon légume de printemps, il draine le foie. Engorgé, ce dernier cristallise colères, rancœurs et esprit d'intolérance.

Wok de légumes

Éplucher 200 g de ***carottes****, 200 g de* ***navets****, 200 g de* ***céleri rave*** *et 200 g de* ***potiron****. Couper à la mandoline, en allumettes, puis en cubes d'½ cm, les carottes, les navets et le céleri rave. Idem pour le potiron, mais au couteau. Un par un, faire sauter les légumes au wok avec un filet d'****huile d'olive****, de l'****ail*** *finement haché, un peu de* ***romarin*** *ou de* ***thym*** *frais haché. Saler. Réserver au chaud.*

En toutes saisons

Dans cette recette, nous cuisinons des légumes d'automne, mais chaque saison ou chaque région a ses légumes « attitrés ».

Au printemps, mélangez petits pois, haricots verts, mange-tout, feuilles de laitue et jeunes oignons.

En été, mariez dés de carottes, poivrons jaunes et rouges, betteraves… toutes les nuances de rouge orangé pour leur touche de bonne humeur.

En version méditerranéenne

Faites sauter aubergines, courgettes, oignons, poivrons…

Joli monticule !

Plutôt que de poser le plat sur la table, jouez-la « restaurant » : tassez dans un ramequin et renversez sur l'assiette.

Tajine de légumes méditerranéens

*Dans une casserole, verser un filet d'***huile d'olive***, 1 c. à c. de graines de* ***coriandre*** *et 1 c. à c. de graines de* ***cumin*** *grossièrement concassées, 2* ***échalotes*** *et 2 gousses d'***ail** *hachées. Faire blondir quelques minutes. Ajouter 4* ***tomates*** *épluchées, épépinées et coupées en petits morceaux. Mouiller avec 2 verres de* ***bouillon*** *de légumes et faire réduire pendant 10 min à feu vif. Rajouter quelques filaments de* ***safran***, *½ cube de* ***bouillon***, *1 pincée de* ***sel***. *Faire cuire encore 3-4 min. Réchauffer les légumes du* ***wok méditerranéen*** *(p. 106) et les ébouillanter avec la réduction de tomates. Laisser compoter 3-4 min. Servir dans des assiettes creuses avec des* ***olives noires*** *dénoyautées hachées et quelques feuilles de* ***coriandre*** *fraîche.*

Safran et cumin

Typiques des cuisines orientales et méditerranéennes, ces deux épices recèlent de belles propriétés digestives.

L'astuce

Les épices ne se conservent pas indéfiniment. Si votre cumin a un accent un peu fade, passez-le 5 min. au four bien chaud afin de lui rendre ses arômes.

Blanquette de légumes au curry doux

*Peler 2 **carottes** et 2 jeunes **navets**, épépiner 2 petites **courgettes** et les couper en bâtonnets et/ou en dés (le mieux étant de varier les formes, mais non les volumes). Laver 100 g de **mange-tout**, écosser ½ bol de **petits pois**, des **fèves des marais** si on en déniche (leur saison, c'est le printemps). Laver quelques bouquets de **brocoli** et/ou de **chou-fleur**. Cuire individuellement et al dente tous les légumes dans ½ litre d'eau. Refroidir rapidement à l'eau glacée. Garder le bouillon et le remettre sur le feu pendant 5 min. avec ½ c. à s. de **curry** doux, 1/4 de cube de **bouillon** végétal, 2 **échalotes**, 2 gousses d'**ail** hachées et une pincée de **sel**. Réchauffer les légumes au wok avec un filet d'**huile d'olive** parfumée à l'ail et au **romarin** frais ciselé. Avant de servir, ajouter au bouillon ½ verre de **crème fraîche de soja** et 2 c. à s. d'**herbes** fraîches ciselées.*

Mais oui !

On a le droit de ne pas écosser les petits pois. Allez, va pour des congelés, mais des bio bien sûr !

S'organiser

Les légumes et le bouillon se conservent séparément 3 jours au frigo, de préférence dans des bocaux en verre.

Petite nage safranée de légumes

*Commencer par blanchir des légumes blancs (**navets** et **chou-fleur**). Poursuivre avec des légumes verts (**brocolis**, pointes d'**asperges**, **mange-tout** coupés en diagonale, **haricots verts**, tronçons de **poireau**, **chou frisé** ciselé, **choux de Bruxelles** – délicieux à peine cuits, coupés en 2 –, et dés de **courgettes** – à ajouter en dernière minute). Puis des légumes oranges (**carottes**, **poivrons**, **potiron**). Ajouter quelques filaments de **safran** dans l'eau de cuisson. Remettre ce bouillon sur le feu pendant 5 min avec 2 **échalotes** coupées en 4, 1 gousse d'**ail**, ½ cube de **bouillon** et une pincée de **sel**. Passer le bouillon au blender avec 2 c. à s. de **beurre au lait cru** congelé. Verser 2 c. à s. dans chaque assiette et ajouter dessus les légumes réchauffés tous ensemble au wok.*

Servir

Avec des coquillages ouverts à la vapeur et parsemés de coriandre fraîche, un filet de poisson ou de poulet mariné aux épices et grillé, un rôti de dindonneau cuit à basse température...

2.5

CÉRÉALES ET LÉGUMINEUSES

EN ENTRÉE OU COMME PLAT

Tapenade de haricots blancs à l'aneth

Faire tremper 250 g de ***haricots blancs*** *secs pendant 12 h dans de l'eau, égoutter et faire cuire dans une grande quantité d'eau avec une algue* ***kombu*** *pendant 35 min. Égoutter.*
*Passer au blender, assaisonner avec de l'****huile d'olive****, de l'****aneth*** *ciselé, du* ***sel****, du* ***poivre****, du jus de* ***citron vert*** *et quelques* ***pistaches*** *pelées et grossièrement pilonnées.*

Dresser en quenelles sur l'assiette pour accompagner un carpaccio de légumes, et servir avec des toasts d'épeautre frottés à la purée d'ail.

Il me reste des azukis déjà cuits

Remplacer les haricots par des azukis.
*Autre option : faire blondir ½ verre d'****échalote*** *émincée dans 1 c. à s. d'****huile d'olive****. Ajouter 1/3 de cube de* ***bouillon*** *végétal délayé dans 2 c. à s. d'eau. Laisser compoter quelques minutes. Passer au blender avec ½ verre d'****amandes blanches*** *et un verre d'****azukis****. Assaisonner avec 2 c. à s. d'****huile d'olive****,* ***sel****,* ***poivre*** *et* ***persil*** *plat.*

Houmous de pois chiches aux pignons

Faire tremper dans de l'eau, pendant 12 h, 2 verres de ***pois chiches****, puis encore 24 h en les rinçant matin et soir. Les cuire à grande eau avec de l'****algue kombu*** *pendant 30 min, les passer au blender avec 1 verre de* ***pignons****, 1 c. à c. de* ***cumin****, ½ c. à c. de* ***coriandre****, 2 c. à s. de* ***tahin**** *et 2 gousses d'****ail****. Ajouter ¼ verre d'****huile d'olive****, ¼ verre d'****huile de sésame****, le jus de 2* ***citrons verts****, ½ cube de* ***bouillon*** *et une bonne pincée de* ***sel****. Décorer avec des jeunes pousses et des graines de* ***potiron*** *toastées ou avec des pluches de* ***coriandre****.*

Ma variante au sésame

Remplacer les pignons par un verre de graines complètes de ***sésame****, prétrempées quelques heures. Passer au blender avec un mélange d'****huiles d'olive*** *et* ***de sésame****, ¼ de* ***bouillon*** *végétal et le jus d'un* ***citron****.*

Kombu ou encore aramé

Ces algues vont reminéraliser les pois chiches qui, bien que très riches en nutriments, sont comme toutes les légumineuses très acidifiants. D'où les mines un peu déconfites et oxydées des acharnés de la macrobiotique...

Tapenade d'olives noires et amandes

*Hacher finement ou passer au blender 1 bol d'**olives noires** dénoyautées avec ½ bol d'**amandes** épluchées, une gousse d'**ail** pressée, ½ verre d'**huile d'olive**, **sel** et **poivre**.*
*Panacher avec de fines tranches de **poivron rouge** passées au gril et épluchées.*

Salade de quinoa aux herbes fraîches

*Faire tremper 2 verres de **quinoa** pendant 6 h dans de l'eau de source. Égoutter et faire cuire à la vapeur 3-4 min. Refroidir avec un filet d'**huile d'olive**, ajouter des lamelles de **concombre** cru ou de **courgette** crue. Assaisonner avec des **herbes fraîches** et des **épices aux algues**. Servir frais.*

Pour changer

Remplacer le quinoa par du millet accommodé de la même manière.

Galettes de polenta aux tomates confites

Jeter délicatement, en remuant au fouet, 200 g de ***polenta*** *instantanée dans ½ l d'eau bouillante additionnée d'½ cube de* ***bouillon*** *végétal et d'½ c. à c. de sel.*
*Quand la polenta est prise (après 2 à 3 min), retirer du feu et assaisonner avec 1,5 c. à s. d'****huile d'olive*** *parfumée au* ***romarin*** *et 2 c. à s. de* ***tomates confites*** *(p. 98) émincées.*
Confectionner des galettes et réserver au frigo.
Au moment de servir, faire blondir délicatement les galettes dans un filet d'huile d'olive.

La polenta

- se conserve 3 jours au frigo.
- au même titre que le riz et le quinoa, ne contient pas de gluten et appartient à la famille des céréales basiques, donc non acidifiantes.

Le mieux est l'ennemi du bien

Au lieu de nous faire bénéficier de leurs magnifiques nutriments, une surdose de céréales ou de légumineuses acidifiantes risque de nous oxyder. Bref, de nous ôter le sens de l'humour et tous les signes d'une belle santé (peau, cheveux, teint, etc.).

Salade rouge d'azukis

Faire tremper 2 verres de ***haricots azukis*** *12 h dans l'eau. Les cuire pendant 45 min avec une algue* ***kombu*** *ou* ***aramé****. Égoutter et passer 10 sec. à l'eau froide pour arrêter la cuisson.*
Mélanger avec 1 verre de ***tomates confites*** *détaillées en petits morceaux, 1 verre d'****herbes fraîches*** *ciselées et ½ verre de* ***vinaigrette au tamari*** *(p. 87).*

Recyclage

Réserver ½ verre d'azukis pour booster un minestrone.

Filtrage

Diurétiques, les azukis servent de « mini car-wash » et de fortifiant pour nos reins.

Une version verte ?

Remplacer les azukis par des lentilles vertes. Dans ce cas, les faire tremper pendant 12 h, ensuite les rincer matin et soir pendant 24 h avant de les cuire 3 min à la vapeur. Accommoder comme les azukis.

Risotto de quinoa au curry

*Dans une casserole, verser 2 c. à s. d'**huile d'olive**, 1 **échalote** douce hachée, 1 gousse d'**ail** hachée, 1 c. à s. de **romarin** ou de **thym** haché et faire revenir en douceur quelques minutes.*
*Ajouter 250 g de **quinoa** toasté à sec et ½ verre de **vin blanc**. Laisser évaporer sur feu vif. Ajouter ½ verre d'**eau** bouillante additionnée d'½ cube de **bouillon**, 2 c. à s. de **curry** et une pincée de **sel**. Ajouter un peu d'eau bouillante si nécessaire. Mélanger sans cesse. À bonne consistance, retirer du feu et rectifier l'assaisonnement.*

Quelques suggestions

Remplacer le curry par ½ verre de tomates séchées mixées au blender.
Mouler sur l'assiette à l'aide d'un ramequin, servir avec des légumes sautés au wok (p. 106) et un coulis au choix.
Accompagner ce risotto d'une fricassée de pak choi au gingembre (p. 104) et d'un coulis au pourpier (p. 81).

Ou bien

Comme son nom l'indique, ce risotto peut être réalisé avec du riz (complet !), mais également avec du boulgour, de l'amarante…

Risotto d'épeautre à la betterave rouge

*Faire tremper 2 verres d'**épeautre** pendant 12 h dans de l'eau. Faire blondir 2 **échalotes** et 2 gousses d'**ail** hachées dans une casserole avec un filet d'**huile d'olive**, durant 3 min. Ajouter l'épeautre égoutté, mélanger et mouiller avec 1/2 verre de **vin blanc**. Ajouter 4 verres d'eau bouillante, réduire le feu au premier bouillonnement, ajouter un cube de **bouillon** végétal et laisser cuire pendant environ 1 h (jusqu'à ce que le grain d'épeautre soit tendre sous la dent). Rajouter un peu d'eau bouillante si nécessaire. Retirer du feu et ajouter 2 verres de coulis de **betteraves rouges** (p. 84). Assaisonner avec des **épices aux algues***, décorer avec des **graines germées**.*

Et sur la photo ?

C'est un mélange de riz complet et de riz sauvage. Observez le même temps de cuisson.

La vie en rose

Longtemps mal aimée, la betterave revient en force, se faisant le nouveau chouchou des grands chefs. Riche en acide folique (vitamine B9), ce légume racine regorge de nutriments antioxydants. Crue ou cuite, elle colore tout ce qu'elle touche !

Basmati complet aux saveurs thaï

En suivant les instructions sur l'emballage, faire cuire 2 verres de ***riz basmati complet*** *avec 1 c. à c. de poudre de* ***curcuma****. Puis retirer le riz de la casserole et verser un filet d'****huile d'olive*** *pour arrêter la cuisson.*
*Faire sauter au wok dans un filet d'****huile d'olive*** *une brunoise de* ***concombres*** *et* ***courgettes*** *additionnée d'une pointe d'****ail*** *et d'1 c. à c. de* ***gingembre*** *râpé.*
Mélanger les légumes au riz.
Parfumer avec une ***vinaigrette au tamari*** *(p. 87) agrémentée de 4 feuilles de* ***lime*** *et de 2 cœurs de* ***citronnelle*** *hachés. Décorer avec des* ***noix de cajou*** *ou des* ***amandes*** *pelées dorées dans un peu d'huile d'olive et grossièrement pilonnées, des* ***graines germées*** *et des* ***pépins de courge*** *ou de* ***tournesol*** *chauffés à sec à la poêle et déglacés au* ***tamari****.*

Une brunoise ?

Terme classique en cuisine, la brunoise est une découpe de légumes en petits cubes d'1/2 cm. Et une gauloise ? C'est un poison que vous avez arrêté depuis une éternité ! Du moins, on vous le souhaite !

Pizzas individuelles aux couleurs italiennes

Ouvrir un sachet de ***pâte à pizza****, la faire lever pendant 45 min dans une pièce tempérée. Préchauffer le four à la chaleur maximale avec la taque à pizza.*
Couper 2 ***courgettes*** *moyennes épépinées en cubes de 2 cm, les faire revenir 30 sec. dans un filet d'****huile d'olive*** *additionné d'½ c. à s. de* ***romarin*** *frais et de 2 gousses d'****ail*** *hachées. Réserver.*
Sortir la taque brûlante du four, la parsemer d'1 c. à s. de ***farine****, y poser les pâtes à pizzas individuelles préformées au rouleau à tarte et perforées de quelques coups de fourchettes. Cuire au four pendant 3 min.*
Badigeonner d'un ***coulis de potiron aux tomates confites*** *(p. 98), parsemer de cubes de* ***courgettes*** *et d'1 c. à s. par pizza d'****olives noires*** *dénoyautées et grossièrement hachées. Cuire encore 7-8 min jusqu'à ce que les bords des pizzas blondissent.*
Sortir du four, parsemer de ***roquette****, de copeaux de* ***tomates confites*** *et d'un filet d'****huile d'olive*** *éventuellement piquante.*

Rouge tomate

Confite, la tomate concentre encore plus de lycopène que sa version fraîche. Pigment responsable de la couleur rouge, le lycopène est un magnifique antioxydant, d'autant mieux métabolisable et fonctionnel qu'il est ingéré avec de l'huile d'olive ou de l'avocat.

Couscous orange aux épices

*Peler 2 **carottes**, épépiner 1 **poivron rouge**, les couper en biseaux. Peler 1 **oignon**, le couper en croissants. Couper 2 gousses d'**ail** en lamelles. Dans une casserole, verser un filet d'**huile d'olive**, les légumes, 1 c. à c. de **romarin** frais haché, ½ c. à c. de **curcuma**, 1 **piment oiseau** (facultatif), ½ c. à c. de grains de **coriandre** et ½ c. à c. de grains de **cumin** grossièrement pilonnés. Laisser blondir 3 min. Mouiller avec 3 verres de **bouillon de potiron** (frais ou congelé). Porter à ébullition, ajouter ½ cube de **bouillon végétal**, ½ c. à c. de **sel**, laisser cuire à feu doux pendant 5 min. Ajouter 1 verre de dés de **potiron**, cuire encore 3 min. Ajouter 1 verre de dés de **courgette**, couvrir et retirer du feu. Servir avec de la **coriandre** fraîche et quelques **amandes** pelées et blondies dans un filet d'huile d'olive.*

Et tant pis pour les merguez !

Servir avec de la semoule de blé (couscous) mi-complet, assaisonnée avec du persil plat haché, un filet d'huile d'olive, un trait de jus de citron vert (facultatif) et des épices aux algues*.

Trop injuste !

Non, on a dit pas de merguez ! Mais si vous abdiquez sur la semoule, n'hésitez pas à accompagner ce couscous d'un filet de poisson ou d'un blanc de poulet, marinés et grillés, cuits vapeur ou en hypocuisson.

Lasagnes franchement belles et délicieuses

À l'aide de la mandoline, trancher très finement et dans la longueur 2 ***courgettes****, 2* ***fenouils****, 2 grosses* ***carottes*** *épluchées et 1* ***aubergine****.*
*Écraser 2 gousses d'****ail****, ½ botte de* ***persil*** *haché, mélanger avec 1/2 verre d'****huile d'olive*** *et une pincée de* ***sel****.*
Poser une feuille de papier sulfurisé sur une plaque allant au four, la badigeonner du mélange au persil et y poser les tranches de légumes. À l'aide d'un pinceau, remettre un peu de mélange par-dessus.
Placer la plaque le plus haut possible et faire griller de chaque côté à température maximale durant 2/3 min. Réserver.
Faire cuire al dente un paquet de 250 g de ***feuilles de lasagne au blé dur****. Réserver sur un torchon propre.*
*Badigeonner d'****huile d'olive*** *un plat allant au four.*
Alterner couches de lasagne et couches de légumes, en respectant si possible un étage par type de légume et en intercalant un petit bol de ***tomates confites*** *grossièrement hachées et un peu de* ***sel****. Terminer par une couche de légumes.*
Poser par-dessus une feuille de papier sulfurisé. Appuyer du plat de la main pour tasser la lasagne.
Avant de servir, passer au four à 160 °C pendant 15 min.

Mode d'emploi

Servir tiède, décorer de quelques feuilles de roquettes, copeaux de parmesan, pignons grillés à sec, et une brunoise de tomates séchées. Accompagner d'un coulis de poivrons rouges ou jaunes (p. 82).

Salade de riz au fenouil braisé

Cuire au cuit vapeur 2 tasses de ***riz mi-complet*** *ou 1,5 tasse de* ***riz complet*** *et ½ tasse de* ***riz sauvage*** *prétrempés au minimum pendant 6 h.*
*Retirer de la casserole et laisser refroidir avec un filet d'****huile d'olive****.*
Mélanger avec les lamelles de 2 ***fenouils*** *braisés (p. 105), des* ***pépins de courge*** *toastés à sec dans une poêle et déglacées au* ***tamari**** *, une pincée d'****épices aux algues**** *.*
Décorer avec des feuilles de ***basilic*** *déchirées et des* ***graines germées****.*

Et la note de couleur ?

Servir éventuellement avec un coulis rouge ou vert (p. 82 et p. 81).

Tagliatelles sautées aux légumes croquants

*Cuire al dente des **tagliatelles au blé dur**. Les réserver avec un filet d'**huile d'olive**. Dans un filet d'huile, réchauffer au wok une **bouquetière de légumes précuits** (p. 106) additionnés de **romarin** frais, de 2 gousses d'**ail** et d'un petit **piment** (facultatif) hachés. Saler et poivrer. Ajouter les tagliatelles, des **pignons** rôtis à la poêle, des **olives noires** dénoyautées, des **tomates confites** émincées, un filet d'huile d'olive et quelques copeaux de **parmesan**.*

Comment ?

Se mange chaud ou froid, et dans ce cas, préférer les pennes.

Au plus vite au mieux !

En boîte ou en conserve ? N'en parlons même pas. Surgelés ? Bof ! En fait, rien de tels que les légumes frais et de saison, n'ayant pas subi une semaine de bateau dans les vapeurs d'un container ou 8 h d'avion à – 20 °C.

Vous avez déniché de beaux spécimens cultivés par un artisan local ? N'en détruisez pas les précieux nutriments. Allégez les temps de cuisson. Que vous optiez pour le wok ou pour la vapeur, une seule devise : al dente !

2.6

PROTÉINES ANIMALES

TOUT DROIT SORTI DE LA MER

Tartare de saumon aux aromates verts

Couper en petits dés 400 g de ***saumon*** *cru et le mélanger à ½ verre d'****huile d'olive****, 2 c. à s. de* ***citronnelle*** *fraîche ciselée, ½ c. à c. de* ***sel****, 1 petit* ***piment vert*** *haché et le jus d'1* ***citron vert****. Mouler dans un ramequin et retourner sur l'assiette. Servir aussitôt. Si on le prépare à l'avance, on ajoutera le* ***jus de citron*** *tout juste avant de servir.*

Pour ceux qui aiment

Surmonter d'1 c. à s. de caviar d'algues (p. 92), sublime !

Carpaccio de maquereau parfumé à l'huître et au gingembre

Faire mariner 300 g de ***filets de maquereau*** *avec 2 c. à s. d'****huile d'olive****, le jus d'un* ***citron vert****, 1 c. à c. de* ***gingembre*** *râpé et ½ c. à c. de* ***sel*** *pendant 30 min. Mixer au blender la chair de 4* ***huîtres*** *avec leur eau additionnée de 2 c. à s. d'****huile d'olive****. Servir les filets de maquereau avec l'****émulsion d'huîtres*** *et parsemer de feuilles de* ***coriandre*** *ciselées.*

Dommage !

L'émulsion d'huîtres ne se conserve pas.

Filets de dorade marinés aux épices

Demander au poissonnier de lever les filets d'une ***dorade*** *de taille moyenne (une pour 2 personnes). Les faire mariner au minimum 3 h dans un ½ verre d'****huile d'olive*** *additionnée d'1 c. à c. de* ***curcuma****, 1 c. à c. de paillettes de* ***piment séché****, 1 c. à c. de* ***thym*** *et* ***romarin*** *frais hachés et 1 c. à c. de* ***sel****. Marquer les filets recto et verso sur le gril, en commençant par le côté peau. Laisser refroidir sans toucher afin de ne pas défaire la chair. Juste avant de servir, terminer la cuisson au four 2 min à 180 °C.*

Salade fraîche de poisson cru au lait de coco et citron vert

Mélanger 500 g de ***poisson*** *blanc ultrafrais coupé en petits dés avec 1 bouquet de* ***coriandre*** *fraîche ciselée, 1 c. à c. de* ***gingembre*** *râpé, le jus de 2* ***citrons verts****, 2 gousses d'****ail*** *pressées, 1 c. à c. de* ***sel****, 1* ***piment oiseau*** *haché et ½ berlingot de* ***lait de coco****. Réserver au frais. Servir dans des verrines et décorer de lamelles de* ***poivron*** *et de feuilles de* ***coriandre****.*

Ail ail ail !

L'ail cru vous fait peur ? Essayez l'oignon rouge émincé : jolie couleur et tendre piquant.

Cabillaud au gros sel, beurre blanc, vanille et épices

Placer au congélateur 3 c. à s. de ***beurre au lait cru****. Avec environ 250 g de* ***gros sel****, recouvrir une* ***queue de cabillaud*** *de 1 kg et enfourner à 180 °C durant 25 min (ou à 80 °C en hypocuisson pendant 2 h 15). Peler 2* ***échalotes*** *et 1 gousse d'****ail****, les couper en morceaux, les ajouter à 500 ml de* ***bouillon****. Ajouter le jus d'un demi-****pamplemousse jaune****, 2 c. à s. de* ***curry*** *et ¼ gousse de* ***vanille*** *fendue. Laisser réduire à feu vif pendant 10 min. Retirer la gousse après l'avoir grattée dans le bouillon.*
Passer le bouillon au blender avec le beurre très froid, parsemer de ***ciboulette*** *hachée.*
Retirer le poisson du four, découper la peau au ciseau et prélever les portions. Dans une assiette creuse, verser un fond de beurre blanc par personne, déposer par-dessus une portion de poisson. Décorer avec du ***persil*** *plat entier et une pincée de poudre de* ***curry****.*

Servir

Avec des quenelles de brocoli aux pignons (p. 101).

Ce soir, je dîne en solitaire

Plutôt qu'une queue de cabillaud, je m'achète une darne et je la fais cuire entre 15 et 20 min à 85 °C.

Le truc malin

Pour le bouillon, il s'agit de récupérer le jus de cuisson des légumes cuits la veille. À défaut, on utilise du bouillon végétal* à diluer dans de l'eau bouillante.

Gâteau de raie au fenouil

Passer à la vapeur 800 g de ***raie****, la dépiauter encore rose à l'arête.*
*Mélanger avec un verre d'****huile d'olive****, un* ***piment vert*** *haché, du* ***persil*** *plat ciselé, un jus de* ***citron*** *et du* ***sel****.*
Placer sur l'assiette dans le fond d'un emporte-pièce, terminer avec 2 c. à s. de lamelles de ***fenouil*** *marinées 30 min dans un mélange d'****huile d'olive****, de* ***citron*** *et de* ***sel****.*
Poser par-dessus la salade de raie.
Démouler et décorer avec quelques gouttes de ***vinaigrette au tamari*** *(p. 87).*

Bouillabaisse thaï minute

Débiter en gros cubes 800 g de ***poissons*** *fermes (lotte, cabillaud, saumon...).*

Les faire macérer durant 30 min dans 1 c. à s. de poudre de ***curcuma*** *et 1 c. à c. de* ***sel****.*

Ajouter des grosses ***crevettes****, des* ***coquillages****...*

Écraser dans un mortier 1 c. à c. de ***pâte de curry rouge*** *avec 4 cœurs de* ***citronnelle*** *hachés, 1 c. à c. de* ***gingembre*** *râpé, des tiges de* ***coriandre*** *fraîche et 1 gousse d'****ail****.*

*Verser dans le wok 1 filet d'****huile d'olive****, y faire revenir le mélange durant 2-3 min et le mouiller avec 750 ml d'eau bouillante additionnée d'½ cube de* ***bouillon*** *végétal. Faire cuire 3-4 min à feu doux.*

Ajouter les morceaux de poisson, les cuire à l'étouffée 2-3 min, puis les retirer et réserver.

Réchauffer le bouillon, y blanchir pendant 2 min les tiges biseautées de 2 ***pak choi****. Ajouter ensuite les feuilles de pak choi, faire cuire encore 1 min. Sortir le tout et réserver.*

Ajouter au bouillon 2 c. à s. de ***nuoc mam****, 5 feuilles de* ***lime*** *déchirées, 1 verre de* ***lait de coco****, fouetter.*

Garnir les assiettes avec les poissons, le pak choi, une louche du bouillon, des feuilles de ***coriandre*** *et de* ***basilic thaï****.*

Miam miam, nuoc mam !

Indissociable des cuisines thaïlandaises ou vietnamiennes, le nuoc mam est une sauce de poissons ou de crevettes fermentés qui sent très fort... le poisson ou la crevette fermentés.

Très salée, elle relève magnifiquement les salades et les carpaccios de terre ou de mer.

Bar gros sel et caviar d'aubergine au gingembre

Couvrir une taque de ***gros sel****, y déposer 2* ***bars de ligne*** *de 600 g chacun. Recouvrir de gros sel. Cuire à 180 °C pendant 15 min ou 1 h 15 à 80 °C. Sortir du four, retirer le gros sel et la peau, lever les filets et servir avec un* ***caviar d'aubergine*** *ou une* ***émulsion aux huîtres*** *(p. 89 et 131).*

À retenir (facile puisqu'on mange du poisson)

Le poisson contient du phosphore, indispensable au bon fonctionnement du cerveau.

Plus il est gras, plus il contient d'oméga-3 nécessaires entre autres aux échanges optimaux entre nos neurones.

2.7

PROTÉINES ANIMALES

SUR LE PLANCHER DES VACHES

Américain asiatique

Découper 400 g de ***filet de bœuf*** *cru en petits dés. Mélanger avec 4 feuilles de* ***lime*** *et 1* ***piment vert*** *(facultatif) hachés. Ajouter 1 c. à c de* ***gingembre*** *en cheveux, ½ verre d'****huile d'olive*** *et ½ verre de feuilles de* ***coriandre*** *ciselées, le jus d'1* ***citron vert****, le zeste d'1* ***citron vert*** *émincé et 1 c. à c. de* ***sel****. Décorer avec des brins de* ***ciboulette*** *et parsemer d'****épices aux algues*****. Servir sur un* ***carpaccio de concombres*** *(p. 95).*

En cheveux ?!

La dernière griffe de la mandoline permet de débiter un tubercule de gingembre en fins cheveux. À défaut, utiliser un couteau économe pour ciseler de très fins zestes.

Filet de bœuf mariné au romarin

Faire découper 600 g de ***filet de bœuf*** *en tranches fines de 5 mm. Les faire mariner 6 h au minimum dans un verre d'****huile d'olive*** *additionné de 1 c. à s. de* ***romarin*** *ou de* ***thym*** *frais et 2 feuilles ciselées de* ***laurier*** *frais. Faire griller 10 sec. de chaque côté sur un gril incandescent. Servir aussitôt après avoir assaisonné avec des* ***épices aux algues*****.*

Rôti de bœuf aux herbes de Provence

*Passer au blender 3 c. à s. d'***herbes de Provence** *fraîches ou séchées avec 3 c. à s. d'***huile d'olive** *et 2 c. à s. de* **tamari*** *. Badigeonner de ce mélange un* **rôti de bœuf** *de 600 g ne dépassant pas une hauteur de 20 cm. Le faire cuire en hypocuisson à 80 °C pendant 1 h 15-1 h 30. Réserver 20 min avant de découper et de servir.*

Magret de canard au coulis de betteraves et légumes croquants

Dégraisser deux **magrets de canard** *et les cuire en hypocuisson pendant 45 min à 80 °C. Sortir du four, couvrir et attendre 10 min avant de découper en tranches. Servir avec un* **coulis de betteraves rouges** *(p. 84) et un assortiment de* **légumes** *précuits et réchauffés au wok à l'***ail** *et à l'***huile d'olive parfumée au romarin** *(p. 106), des* **quenelles de céleri** *(voir quenelles de brocoli et Cie, p. 101) ou encore des blancs de* **poireaux** *coupés fins, ébouillantés 30 sec et fondus dans de l'huile d'olive adoucie avec un rien de* **miel**... *un délice !*

Blancs de poulet aux parfums de Bénarès

Badigeonner 2 ***blancs de poulet*** *de 500 g (ou 4 blancs de 250 g) avec un peu d'****huile d'olive*** *assaisonnée de* ***curry de Bénarès*** *et* ***tamari****. Faire cuire au four à 80 °C pendant 45 min les blancs de 500 g (et 30 min les blancs de 250 g).*
Réserver au chaud pendant 10 min avant de trancher.

Le curry de Bénarès

C'est un curry doux additionné d'un peu de poudre de cannelle.

Servir...

Avec des quenelles de chou-fleur (p. 102).

Recyclage

Se conserve au frigo entier, se découpe le lendemain en fines lamelles pour dépayser une salade ou renforcer un sandwich à l'avocat.

Filets de poulet marinés aux épices

Faire mariner 500 g d'aiguillettes de ***blancs de poulet*** *entre 3 h et 2 jours dans le même mélange que la marinade des filets de dorade* *(p. 132)**.*
Les faire griller à la plancha.

Question protéines animales

Il s'agit pour les adultes de privilégier les œufs, les poissons gras et les viandes blanches, tandis que la sacro-sainte entrecôte au feu de bois doit, hélas !, se faire un peu plus rare.

Le poulet du dimanche, parfums de sacrilège

*Badigeonner un beau poulet d'un mélange d'***huile d'olive***,* ***curry de Bénarès*** *et* ***tamari****. Faire rôtir au four à 120 °C pendant 1 h 15-1 h 30 (suivant la taille de la bête) ou 3 h embroché, sur fonction gril ventilé, ou encore pendant 5 h à 85 °C. Dans ce cas, commencer la cuisson en rôtissant le poulet quelques minutes en casserole dans un filet d'huile d'olive.*

Au terme de la cuisson, préserver les sucs après en avoir retiré le gras à la cuillère. Déglacer avec ½ verre d'eau bouillante additionnée d'½ cube de ***bouillon****, mélanger avec une cuillère en bois. Ajouter ½ berlingot de* ***crème fraîche de soja****.*

Servir aussitôt, accompagné d'une ***compote de pommes*** *cuites à la vapeur et écrasées, d'une* ***purée de pommes de terre à l'huile d'olive*** *ou de petites* ***pommes de terre nouvelles*** *non pelées, coupées en quartiers, mélangées avec un peu d'huile d'olive, des* ***herbes fraîches,*** *du* ***tamari****, et rôties au four à 160 °C pendant 15 min.*

Sacrilège !

Car dans ce plat, on combine protéines (poulet), glucides (pommes de terre) et sucres de fruits. Car se passer de pommes de terre et de compote de pommes le dimanche, ce serait trop dommage. De toute façon, la pomme est le seul fruit qui puisse se combiner avec les céréales et les protéines… mais ça, c'est une autre histoire.

LE FOND DE CUISINE

Inutile de le rappeler : le contenu de nos placards est 200 % bio (« *organic* » en anglais) et se déniche dans les magasins d'alimentation naturelle et, de plus en plus couramment, dans certains supermarchés.

- **Amandes entières** : à faire tremper 12 h et à peler avant utilisation.
- **Beurre au lait cru** : à conditionner en miniportions au congélateur.
- **Bouillon végétal** : en cubes ou en pot à doser à la cuillère. Une bonne marque : Morga.
- **Céréales diverses** : amarante, boulgour, épeautre, sarrasin, millet, quinoa, riz complet (rond pour le risotto, long pour une salade, sauvage pour la texture et la couleur). Suivre les indications de cuisson sur l'emballage.
- **Citron** : une pyramide sur un plateau... toujours joli dans la maison !
- **Curcuma en poudre** : le seul coup de soleil antioxydant.
- **Curry en poudre** : il y en a tellement ! On choisit un doux et un piquant.
- **Épices aux algues** : à faire soi-même, un mélange pilé de 4 portions de graines de coriandre, baies roses, fleur de sel et piment rouge en paillettes, et de la même quantité de salade du pêcheur*.
- **Épices diverses** : à conserver dans des pots en verre à l'abri de la

lumière : bâtons de cannelle et de vanille, graines de coriandre, de cumin et de cardamome, anis étoilé (ou badiane), pistils de safran...

- **Farines** : intégrale, blutée (finement tamisée), de froment, de sarrasin, d'épeautre, de maïs, de riz, de soja... Tout fait farine au moulin ! Mais ne pas stocker en trop grandes quantités car elles vieillissent mal.
- **Feuilles de lime ou kaffir** : au rayon frais des épiceries asiatiques. Comme les tiges de citronnelle et les piments, se surgèlent facilement et s'utilisent dès la sortie du congélateur.
- **Huile d'olive** : de première pression à froid.
- **Huiles de noix, sésame, noisette, pépins de courge** : en petites bouteilles à conserver au frigo et à consommer dans les six mois !
- **Galettes de riz ou « Pain des fleurs » au sarrasin** : pour profiter des tapenades de Martine sans ingérer une once de gluten.
- **Gingembre frais** : excellent pour la santé, délicieux dans l'assiette.
- **Gros sel et fleur de sel d'origine marine** : de Guérande, d'Algarve, d'Ibiza, sel rose de l'Himalaya...
- **Herbes fraîches à faire pousser sur le balcon** : basilic, persil, mélisse, livèche, thym, romarin...
- **Légumineuses** : lentilles vertes du Puy, blondes ou corail, pois chiche, haricots azukis, haricots blancs...

- **Moutarde à l'ancienne** : plus douce et naturelle que celle de Dijon.
- **Oléagineux** : pignons, graines de tournesol, graines de sésame, pépins de courges (ou graines de potiron)... irrésistibles toastés à la poêle.
- **Pain d'épeautre au levain** : beaucoup plus chic en tranches toutes fines.
- **Pâtes à l'épeautre** (complètes ou demi-complètes) **ou au blé dur** (blanches ou demi-complètes).
- **Purée d'amandes blanches** et **tahin (purée de sésame)** : un péché sur un toast.
- **Rapadura** : sucre de canne non raffiné, particulièrement reminéralisant.
- **Salade du pêcheur** : mélange d'algues (nori, dulse et laitue de mer) en paillettes chez Lima.
- **Tamari** : plus sain et plus raffiné qu'une simple sauce de soja.
- **Tomates confites, olives noires, ail frais ou séché...** tout l'arsenal italien.
- **Vinaigre de pomme ou de cidre non filtré** : des notes acidulées non acidifiantes.

LES INDISPENSABLES

À s'acheter au fur et à mesure, disponibles via Internet

La mandoline : pour couper bien, pour couper fin, un seul outil ! Existe en version ménagère ou en dispositif plus sophistiqué. Dans tous les cas, on prend bien garde à ses doigts.

L'économe : un instrument bête comme chou, si pratique pour éplucher des légumes, zester l'écorce des agrumes, débiter des copeaux de fromage...

Le blender : pas d'issue, il vous en faut un, version compétition. Les modèles ordinaires ne broient pas bien les graines, n'émulsionnent pas les bonnes huiles qu'on planque dans les soupes pour nos enfants et finissent vite par s'émousser (et nous avec !). La Rolls du genre (mais il est moche et cher), le Vitamix. Pour les sauces, les coulis, les smoothies pour deux et les potages des célibataires, le Tribest, un petit format, est magnifique.

L'extracteur : beaucoup mieux que la centrifugeuse dont la râpe oxyde les enzymes, vitamines et minéraux des fruits et légumes, l'extracteur extrait jusqu'à la moelle la quintessence des nutriments végétaux. N'en ressort que du jus et non des fibres, ce qui permet en quelques verres d'ingurgiter 1 kg de fruits et légumes par jour sans risquer de ballonnements ou d'irritations du colon. Parmi les Oscar, Greenstar et autres Solostar, nous conseillons le dernier. Il est tellement simple à utiliser et à nettoyer que votre enfant de 7 ans va pouvoir se concocter lui-même ses cocktails vitaminés.

Le déshydratateur : permet d'empiler jusqu'à dix plateaux de rondelles de pommes, tomates, aubergines... Autant de concentrés déshydratés de nutriments pour grignoter comme en-cas, faire trempette en dip, servir de condiment, décorer une assiette...

L'emporte-pièce : à l'opposé de la louche de riz complet « balancée » à même la table, l'emporte-pièce sert, juste pour le look, à dresser d'élégantes assiettes.

Le cuit vapeur : pour cuire riz et légumineuses, avec un compartiment vapeur et une fonction bain-marie, le Baumstal nous la joue carrément polyvalent.

Les pots en verre : beaucoup plus sains que le plastique pour conserver au frigo légumes cuisinés et coulis, et au placard, toute notre panoplie de graines, céréales, légumineuses, algues déshydratées...

Le gril en fonte : pour saisir rapidement viandes, poissons et marquer les légumes au fer.

Le wok : pas pour les arômes fumés des cuisines asiatiques, mais pour profiter de cuissons rapides.

L'osmoseur : nettoie l'eau de ses polluants.

Le vitaliseur : revitalise l'eau et lui donne sa structure moléculaire hexagonale d'origine, indispensable pour qu'elle hydrate et nourrisse en profondeur.

INDEX DES RECETTES

PETITS DÉJEUNERS ET COLLATIONS

LÉGUMES

LES POTAGES, CRÈMES ET VELOUTÉS

LÉGUMES

LES SAUCES, COULIS, MAYOS ET VINAIGRETTES

LÉGUMES

EN HORS-D'ŒUVRE, EN ENTRÉE OU COMME ACCOMPAGNEMENT

PROTÉINES ANIMALES

SUR LE PLANCHER DES VACHES

Achevé d'imprimer en février 2008 sur les presses
de l'imprimerie Sintjoris (Merendree, Belgique).